Katharina Barth-Duran / Martina Jung (Hg.)

Maria feiern 2.0

Katharina Barth-Duran / Martina Jung (Hg.)

Maria feiern 2.0

Gottesdienste, Predigten, Impulse

HERDER

FREIBURG · BASEL · WIEN

Downloadmaterialien:
Als Käufer/in dieses Buches erhalten Sie alle Materialien in digitaler Form zum Download unter www.herder.de/extras
Geben Sie dort die ISBN 978-3-451-39489-8 und Ihre E-Mail-Adresse ein.
Wenn Sie Fragen haben, wenden Sie sich an:
kundenservice@herder.de

MIX
Paper from responsible sources
FSC® C004378

www.herder.de
Umschlaggestaltung: Verlag Herder
Umschlagmotiv: Antonello da Messina, Maria der Verkündigung,
Öl auf Holz, 45 x 35 cm, 1475, Galleria Regionale della Sicilia, Palermo –
© mauritius images / Art Collection 3 / Alamy / Alamy Stock Photos
Satz. Barbara Herrmann, Freiburg
Herstellung: PBtisk a.s., Příbram
Printed in the Czech Republic
Printed in Germany
ISBN 978-3-451-39489-8

Vorwort

Die katholische Kirche in Deutschland ist in den letzten Jahren ordentlich durchgerüttelt worden – aber sie hat sich vielerorts auch durchrütteln lassen. In vielen Diözesen haben die Missbrauchsgutachten Wahrheiten ans Tageslicht gebracht, die zeigen, wie sehr persönliche Schuld und institutionelle Machtstrukturen zusammenhängen. Zugleich hat sich die Kirche mit dem Synodalen Prozess den drängenden Zukunfts- und Gegenwartsfragen gestellt. Es wurde gesprochen, gerungen, gebetet, es gab Hoffnungszeichen, Aufbrüche ebenso wie Enttäuschungen und Rückschritte. Und mitten in diesen bewegten Zeiten mischt eine Bewegung von Frauen mit, die ganz unten, an der Basis, in den Gemeinden, bei den Menschen um »ihre« Kirche kämpft. Diese Bewegung, die von den Frauen ausgeht, der sich aber auch viele Männer angeschlossen haben, hat sich den Namen Maria 2.0 gegeben – und setzt damit ein großes Ausrufezeichen für das, was unsere Kirche in dieser Zeit braucht: Mut zum Weitergehen bei gleichzeitiger Besinnung auf die Wurzeln des Glaubens.

Dieses Werkbuch greift den Grundgedanken, der in Maria 2.0 zum Ausdruck kommt, auf: mutige Schritte in die Zukunft aus der Kraft eines tief verwurzelten Glaubens, der ebenso aus seinen Traditionen lebt, wie er auch weiß, wo Altes aufgebrochen und auch aufgegeben werden muss und wo es neue Wege zu beschreiten gilt. So versammeln wir in diesem Werkbuch Predigten und Texte zu den traditionellen Marienfesten und zu klassischen Marienthemen zusammen mit Gottesdiensten, Predigten und Impulsen zu den brennenden Themen der Kirche: Wie können wir als Frauen unsere Berufung leben, wie kann sich Kirche öffnen, wie geht Einheit in der Vielfalt aller, die glauben ... Es findet sich viel Kritisches, viel Inspirierendes – und vor allem: viel Tiefe und Überzeugung von Frauen, die auf den Spuren Marias den Blick für das Wesentliche nie verloren haben: Tut, was Jesus euch sagt. Auf das Zentrum unseres Glaubens kommt es an, das Evangelium will gelebt werden. Nichts anderes ist Aufgabe der Kirche. Darum wird in all diesen Beiträgen konstruktiv und authentisch gerungen.

Wir danken allen Autorinnen, die mit ihren Beiträgen aus der Praxis dieses Buch zu einem kleinen Kompendium Maria 2.0 gemacht haben!

Katharina Barth-Duran und Martina Jung
im Januar 2023

Inhalt

Vorwort 5

Maria – Schwester im Glauben
Eine Einladung, Maria ganz neu zu entdecken

Predigten

Die Reinheit des Neubeginns – Predigt zu Neujahr 15
Eine Zumutung, dieses Kind! – Predigt zu Lukas 2,41–51 »Der zwölftjährige Jesus im Tempel« 17
Austragen, was unerträglich erscheint – Meditation 21
Meine Maienkönigin I – Meditation 22
Meine Maienkönigin II – Meditation 23
Das kleine Häuflein der Hoffnungsvollen – Predigt zu Mariä Himmelfahrt 24
Geschenke der Schöpfung – Predigt zu Mariä Himmelfahrt 26
Raum für Gott lassen – Predigt zu Mariä Himmelfahrt . . 29
Weitwegerich – Meditation 31
Maria neu entdecken – Predigt zu Lk 11,27–28 (Mariä Himmelfahrt) 31
Neuentdeckung – Gedanken zum Rosenkranzgebet 34
Maria, Schwester im Glauben – Ökumenische Ansprache 36

Meditationen

Aufbewahrungsorte – Impuls zu Weihnachten 43
Die Madonna im Freiburger Münster – Meditation 44
Maiandacht – Meditation 45
Gedanken einer Mutter – Meditation 45
Selbstverständlich halte ich dieses Kind – Meditation . . . 47

Maria – Frau an unserer Seite
Eine Einladung, unseren würdigen Platz als Frauen einzunehmen

Gottesdienste
Maria von Magdala, erste Apostolin – Gottesdienst zu Ostern 52
Geisttaube – Gottesdienstelemente zu einer Pfingstaktion 58
Warum wird Gott geboren? – Gottesdienst zu Mariä Empfängnis 63
Ich will dir neue Namen geben – Frauenvesper in verkehrter Sprache 72
Wie schön erklingt dein Name über der ganzen Erde – Psalmen in verkehrter Sprache 79

Predigten
Jesus stellte ein Kind in ihre Mitte – Frauenpredigt 84
Ein Besuch von Frau zu Frau – Predigt zu Maria und Elisabeth 88
Maria und Elisabeth – Meditation zur Predigt 94
Brief an Maria und Elisabeth – Predigtgedanken 94
Im Dialog mit Johannes – Eine Junia-Predigt 97
Kritischer Brief an Paulus – Predigtgedanken zu Paulus' Frauenbild 101
Die Weisheit der schweigenden Frauen – Osterpredigt zur Auferstehung 103
Ein neues Magnificat – Meditation zu Ostern 108

Meditationen
Maria braucht dich – Meditation zu Lk 1, 26–38 (8.12. / Advent) 110
Gegrüßet seist du, Maria – Meditation zum Ave Maria 111
Ach Kind, was wird dir nur geschehen? – Meditation über ein Kriegsdenkmal 112
Maria von Belarus – Impuls in kriegerischer Zeit 113

Du willst ihm die Füße waschen? – Meditation zum Gründonnerstag ... 114
Können Sie sich eine Frau am Kreuz vorstellen? – Gedanken zur Leidensgeschichte (Joh 18,33–37) ... 116
Begreift ihr denn nicht – Meditation über die Frauen am Grab ... 117
Geheimnisvolle Hirtin – Gedicht ... 118
Auch du bist Prophetin – Gedanken ... 118
O weh – Meditation ... 120
Es gibt viele Marias – Meditation ... 120
... in Gottes Namen? – Impuls ... 122
Der Platz, der ihnen gebührt – Meditation zu den Worten der kanaanitischen Frau (Mt 15, 21–28) ... 123
Heilige Geistkraft – Meditation ... 123
Blutflüssige Frau – Impuls zu Mk 5, 25–34 ... 124
Für meine Schwestern am See – Eine Hommage an Ordensschwestern ... 125
Trümmerfrauen von heute – Hommage an die Frauen in der Kirche ... 127
Weibliche Dreiheit – Hymnus ... 129
Die sieben weiblichen Gaben des Geistes – Impuls ... 129
Frauenkörper – Impuls zu Maria Himmelfahrt ... 130
Schulderkenntnis – Gebet ... 131

Maria – Prophetin einer neuen Kirche
Eine Einladung zum Aufräumen in der Kirche

Gottesdienste
Kommt zu Tisch – Agapefeier ... 137
Schüttelt den Staub von euren Füßen – Agapefeier mit Bibelteilen ... 142
Nicht würdig genug für die Berufung? – Wort-Gottes-Feier 148
In unserer Kirche haben alle teil am Sendungsauftrag. Macht wird geteilt! – Aktion Maria 2.0 ... 158

Wer unter dem Schirm Gottes sitzt – Segnungsgottesdienst für alle 161
Ich wollte, es würde brennen – Wort-Gottes-Feier zu Lk 12,49–53 168

Predigten
Zeit zum Entkalken – Frauenpredigt zum 4. Advent 175
Die gute Hirtin – Predigt im Rahmen der Initiative Maria 2.0 180
Weihnachtsbrief – Predigt zu Heiligabend 183
So habe auch ich sie gesandt – Dialogpredigt zum Junia-Fest 187
Bei euch soll es nicht so sein – Predigt zu Mk 10,35–45 . 192
Wer sich selbst erhöht, wird erniedrigt werden – Predigt zu Lk 14,1.7–14 195

Meditationen
Und wie, bitteschön, liebt diese Kirche ihre Kinder? – Impuls zu einer sterbenden Kirche 199
Was uns trennt, ist die gemeinsame Sprache – Meditation 200
Gespräch mit der alten Mutter Kirche (I) – Meditation . . 200
Gespräch mit der alten Mutter Kirche (II) – Meditation . . 202
Herrschaftszeiten noch einmal – Impuls 205
Ich habe einen Traum – Meditation 205
Bis Hanna aufsteht – Meditation 207
Nôtre Dame brennt – Meditation 209
Die Botschaft Jesu kann verändern – Umkehrtext 213
Gehen oder bleiben? – Impuls 214
Die andere Hälfte – Aufruf 215
Die Geschichte von Herrn und Frau Gott – Geschichte . . 215
Wo leben wir eigentlich – Impuls 219

Die Autorinnen 220

Maria – Schwester im Glauben

Eine Einladung, Maria ganz neu zu entdecken

Marienfrömmigkeit, vor allem in den althergebrachten Formen von Maiandachten oder zu den nicht immer einfachen Marienfesten im Kirchenjahr, steht gerne unter dem Generalverdacht des »Konservativen«. Dabei wäre schon allein die Tatsache, dass eine Frau eine so herausragende Rolle in unserer Religion spielt, ein guter Grund, Marienspiritualität als etwas ausgesprochen »Progressives« anzusehen. Keine der anderen großen Religionen kennt eine leibhaftige, menschliche »Gottesmutter«, keine kennt eine vergleichbare Verehrung einer Frau. In den asiatischen Religionen gibt es Göttinen, die gleichberechtigt neben den Göttern existieren, jedoch keine menschliche Frau, der eine solche Bedeutung zukommt.

Nun haben sich die Männer im Christentum zuerst die Macht und dann auch nach und nach die Deutung der Marienverehrung unter den Nagel gerissen. Jedes Zeitalter hatte seine in die jeweils vorherrschenden Machtsysteme passende Marienfrömmigkeit, was sich wunderbar an der jeweiligen Ikonografie ablesen lässt. Gleichzeitig hat sich diese Frömmigkeit aber auch immer schon ihre ganz eigenen Wege gesucht. Es gibt wohl keine volksnähere und buntere Form der christlichen Religiosität als die Verehrung Mariens. Schwarze Madonnen werden bei Prozessionen in Lateinamerika oder Afrika durch die Straßen getragen, die Person der Maria ließ sich vielerorts nahtlos in die vorherrschenden Naturreligionen integrieren, sodass wundervolle bis wundersame Mischformen entstehen konnten, in denen wertvolles, altes Wissen der eroberten und christianisierten Völker erhalten blieb. Und nicht zuletzt ist Europa – und mittlerweile auch der Rest der Welt – voller kleiner und großer Marienheiligtümer, die davon erzählen, wie sich Maria immer wieder um Menschen gekümmert hat, die ganz weit weg waren von »denen da oben«. Man könnte auch sagen: Während die mächtigen Kirchenfürsten in ihren Kathedralen goldene Statuen einer entrückten, unantastbaren, viel zu jungen Übermutter errichteten, kümmerte Maria selbst sich derweil um die ganz normalen Menschen und deren Not und Leid.

Maria als Schwester im Glauben kann uns einen ganz progressiven Weg zeigen: den direkten Weg dorthin, wo Glaube, Hoffnung und Liebe gebraucht werden. Man könnte auch sagen: Sie hat sich nie sonderlich darum gekümmert, was die Mächtigen gerade mal wieder aus ihr machen wollten. Sie ist derweil lieber einem jungen Mädchen, ein paar Hirtenkindern, armen Fischern, einem Indigenen, armen Bauern oder anderen Menschen, die eher nicht viel zu sagen hatten, erschienen. Was an diesen Wundern dran ist, mag jede für sich glauben oder nicht – aber es lässt sich nicht leugnen, dass all diese Orte bis heute eine große Anziehungskraft auf Menschen quer durch alle Gesellschaftsschichten ausüben und dass diese Menschen dort die Bestätigung suchen und finden, dass Glaube heilsam und wirksam ist. Wir sollten mit offenem Herzen auf all das Geschehen rund um Maria schauen und nicht zu schnell im Urteilen sein. Dann entdecken wir die Zukunfts- und Lebenskraft in dieser wunderbaren Frau, die unsere Religion auch so besonders macht.

Die folgenden Gottesdienste, Predigten und Texte wollen zu einer modernen, kraftvollen und zukunftsgewandten Marienspiritualität einladen.

Predigten

Die Reinheit des Neubeginns – Predigt zu Neujahr

Der Neujahrstag ist in der katholischen Kirche Maria gewidmet, wir feiern am heutigen Tag das Hochfest der Gottesmutter Maria. Über das Jahr verteilt feiern wir viele unterschiedliche Marienfeste, alle haben einen bestimmten Bezug im Leben Marias. Der heutige Tag aber ist einfach nur ihr Fest. Maria in allem, was sie ist und war. Maria als das wunderbare Bild dessen, was wir alle sein sollen: Menschen, die das Heil gebären.

Darum ist dieser Festtag auf den ersten Tag des Jahres gelegt worden. Denn an diesem Tag haben wir alle etwas hinter uns gelassen. Und wir schauen auf das Neue, noch Unbeschriebene. Wer noch einen Kalender aus Papier benutzt, kennt den Augenblick, wenn man gegen Ende des Jahres einen neuen Kalender gekauft hat und ihn auspackt. Der alte ist vollgeschrieben, abgegriffen, das Papier an den Ecken geknickt, gewellt, vergilbt. Man muss ihn nur ansehen, um zu wissen: Da steckt mal wieder ganz schön was drin. Ein ganzes Jahr gelebtes Leben. Mit allem, was dazu gehört. Und das ist nie nur Schönes.

Und dann jener Anblick des Neuen. Das Papier riecht noch nach Papier. Es ist glatt und rein, alle Blätter liegen in schönster Ordnung übereinander. Nichts fleddert, alles strahlt noch eine aufgeräumte Ruhe aus. Und die Kalenderblätter sind unbeschrieben. Sie geben uns das Gefühl: Jetzt ist wieder alles möglich.

Und wir nehmen uns vor, aus den Fehlern des letzten Jahres zu lernen. Wir wollen es besser machen. Wir schöpfen Kraft aus dieser Reinheit des Neuanfangs.

Die Reinheit des Neuanfangs. *(Kurze Stille)*

Ein besseres Bild für Maria könnte es nicht geben. Sie, die jungfräuliche Mutter, ist der Inbegriff der Reinheit des Neuanfangs. Und der Jahresbeginn kann für uns alle ein Maria-Moment sein.

Zumindest soll uns dieser Festtag am Neujahrstag genau dazu ermutigen: die Maria in uns zu spüren. Die Reinheit des Neuanfangs.
Lassen wir die beschriebenen Blätter hinter uns. Sie gehören zu unserem Leben, sie sind bereits Teil unserer Biografie geworden. Wir können sie lassen. Und dürfen uns auf das Unbeschriebene in uns konzentrieren.
Ich möchte Sie einladen, in einer kurzen Zeit der Stille, diese Reinheit des Neuanfangs in sich selbst zu spüren. In dem Augenblick, in dem wir das Vergangene loslassen, werden wir zu jungfräulichen Menschen. Schauen Sie noch einmal zurück auf das vergangene Jahr. Vielleicht hilft Ihnen das Bild des Kalenders. Alles, was dieses Jahr Ihnen mitgegeben hat, ist dort verzeichnet. Blättern Sie ihn in Gedanken noch einmal durch.
– Stille –
Schauen Sie ihn an, zerfleddert, dick und speckig, wie er ist. Und dann werfen Sie ihn weg. Sie brauchen ihn nicht mehr. Alles, was darin wichtig für ihr Leben war, bleibt ihnen erhalten. Von ganz allein. Sie müssen nichts festhalten. Im Gegenteil. Lassen Sie alles los. Werden Sie für einen Moment ganz jungfräulich. Und dann verharren Sie in diesem Gefühl.
– Stille –
Stellen Sie sich, wenn Sie mögen, die leeren Seiten eines neuen Kalenders vor. Und dann bitten Sie Gott, dass er diese Seiten füllen möge. Einfach nur das. Laden Sie Gott ein, in Ihnen Raum einzunehmen. So wie er es in Maria getan hat. In Ihnen zu wachsen. Aus Ihnen heraus in die Welt zu treten.
– Stille –
Sie werden bald anfangen, Ihren Kalender mit Terminen und Verabredungen zu füllen. Sie werden wieder in den Mühlen des Alltags verschwinden. Das ist auch gut so, denn das ist Ihr Leben. Und Gott will genau in diesem Leben von jedem und jeder von uns immer wieder geboren werden. Leben Sie also, organisieren Sie sich, tun Sie all diese Dinge, die wichtig sind. Aber denken Sie zwischendurch immer wieder einmal an diesen einen Augenblick

heute. Vor allem, wenn Sie erschöpft sind. Wenn der Alltag Sie zu erdrücken droht. Wenn Zweifel am Sinn von alldem aufkeimen. Denken Sie dann an diesen Augenblick, an Ihren ganz persönlichen »Maria-Moment«, die Reinheit des Neubeginns. Und glauben Sie daran: Gott hat Ihre Bitte von heute erhört. Er hat sich in unsichtbarer Schrift als Erster in Ihrem Kalender verewigt. Er schreibt mit an Ihrem Leben. Er gibt Ihnen Kraft aus dem Innersten heraus. Versuchen Sie immer wieder im kommenden Jahr zurückzugehen zu diesem Moment der Reinheit des Neubeginns. Dann wird Ihnen viel gelingen. Amen.

Martina Jung

Eine Zumutung, dieses Kind! – Predigt zu Lukas 2,41–51 »Der zwölftjährige Jesus im Tempel«

Es ist mir ein Anliegen, wenigstens ein paar Gedanken zu diesem Evangelium zu sagen, das wir gerade gehört haben.
Es liegt mir nahe zu sagen: Das war schon eine Zumutung, eine Zumutung, dieser Junge, ihr Sohn, den Maria da großzuziehen hatte. Eine Zumutung, dieser Jesus. Fast noch ein Kind, an der Schwelle zur Pubertät, mit 12 Jahren, beginnt er sich schon von seiner Mutter, von seinen Eltern abzunabeln. Frühreif würden wir das heute vielleicht nennen oder provozierend oder aufmüpfig. Gibt es denn so was. Noch ein Kind und geht einfach nicht mit zurück nach Hause, in das Dorf Nazareth, sondern bleibt in der großen Stadt Jerusalem. Welch ein Schock für die Eltern, als sie dies nach einem langen Tagesmarsch abends erst bemerken. Wie selbstverständlich gingen sie davon aus, dass ihr Jesus sich mit den anderen Jugendlichen in der Pilgergruppe auf dem Heimweg befand. Diese Freiheit hatten sie ihm zugestanden. Überängstlich waren sie wohl nicht. Und dann das. Erst nach drei Tagen vergeblichen Suchens fanden sie ihn. Stellen wir uns das einmal vor, drei

Tage lang, das eigene Kind, das vermisste, zu suchen. Wir wissen wohl, das ist eine endlos lange Zeit für Eltern voller Sorge um ihr Kind. In so einer Zeit kann viel passieren.
Sehr betroffen seien sie gewesen, als sie ihn schließlich im Tempel wiederfanden. Und das sind in der Bibel für damals starke Worte, als Maria sagt: Kind, wie konntest du uns das antun? Dein Vater und ich haben dich voll Angst gesucht! Die Antwort von Jesus blieb Maria und Josef unverständlich, wie das so ist bei heranwachsenden Kindern, die sich von ihren Eltern lösen wollen. Ansichten und Meinungen haben diese, die ihren Eltern unbegreiflich sind. Eine Zumutung, dieses Kind, dieser Jesus, schon von Anfang an.

Ich erinnere nur kurz, wie alles begann, damals als der Engel erschien. Wie sollte Maria das verstehen. Schwanger vom Heiligen Geist zu werden. Die Älteren von ihnen wissen, welch ein Skandal das war, wenn eine Frau unehelich schwanger wurde. In einem kleinen Dorf und einer Gesellschaft vor 2000 Jahren war das ein Skandal und konnte für die Frau den Tod durch Steinigung bedeuten. Eine Zumutung, dieses Kind, dieser Jesus.
Auch später als er mit 30 Jahren den Zimmermannsberuf an den Nagel hängte und die Werkstatt seines Vaters Josef verließ, um mit Freunden ein Wanderleben zu führen. Immer häufiger sprach er von seinem Vater im Himmel. Wie das wohl in Marias Ohren geklungen haben mag?

Viele nahmen Anstoß an dem, was ihr Sohn sagte und tat. Das muss sie doch auch getroffen haben. Auch als sie einmal mit den anderen Kindern, es können Geschwister oder Cousins von Jesus gewesen sein, zu dem Haus ging, wo Jesus sich gerade aufhielt und predigte. Maria fragte nach ihrem Sohn und dieser sagte dann doch ganz öffentlich zu den Anwesenden: Wer ist meine Mutter? Wer sind meine Brüder? Das seid ihr, das sind alle, die das Wort Gottes hören und es befolgen. Was für eine Vorstellung hat dieses Kind von seiner Familie, die sich um ihn sorgte. Also mich als Mutter, hätte das sehr getroffen und verletzt. Eine Zumutung, dieses Kind, dieser Jesus ...

Bis hin zu seinem schweren Kreuzweg am Ende und noch so jung! Dieses Leiden des eigenen Kindes mit ansehen zu müssen. Sein qualvolles Sterben am Kreuz. Nicht einschreiten und nicht helfen können. Das ganze Leid der Welt mitertragen.
»Deine Seele aber wird ein Schwert durchdringen.« Vielleicht hatte sich Maria an diese Prophezeiung des alten Simeon erinnert, Worte, die der alte, fromme Mann schon kurz nach der Geburt Jesu im Tempel zu ihr gesagt hatte. Ich möchte es noch einmal wiederholen: eine Zumutung, dieses Kind.

Eine Zumutung, dieser Gottessohn Jesus. Eine Zumutung Gottes für Maria, die Mutter. Und in einem nächsten Schritt könnte ich sagen: Maria nimmt diese Zumutung Gottes an. Maria ist eine so starke, gläubige und mutige Frau, wie sie stärker, gläubiger und mutiger gar nicht sein könnte. Maria nimmt die Zumutung Gottes an.
Schauen wir nur, wie sie schon als junges, einfaches Mädchen auf diese unglaubliche Botschaft des Engels reagiert hat. Nicht wie ein willenloses Werkzeug. Nein, sie stellt Fragen. Ganz realistisch und natürlich: Wie soll das geschehen? Ich und schwanger und das obwohl ich noch nicht mit einem Mann zusammenlebe ...?
Und dann trotzdem Ja sagen. Glauben ohne zu wissen, wie es gehen könnte. Ihr Leben ganz in Gottes Hand legen, auf Gott vertrauen wie ein Kind – das tut Maria. Maria nimmt die Zumutung Gottes an.

Aus der Zeit ihrer Schwangerschaft, beim Besuch ihrer Kusine Elisabeth, wird uns dieses wunderbare Magnifikat überliefert. Das Lied Marias, das Lied einer mutigen Frau, in dem sie sagt: Gott stürzt die Mächtigen vom Thron und erhöht die Niedrigen, er erbarmt sich der Hungernden und lässt die Reichen leer ausgehen. Maria weiß, dass Gott es ist, der sie, die niedrige Magd, groß werden lässt: Siehe, von nun an preisen mich selig alle Geschlechter! Das ist nicht etwa größenwahnsinnig, das sind mutige Worte einer Frau, deren Glaube Berge versetzen kann.

Denken wir nur auch daran, als Maria später mit Jesus auf dem Weg war, etwa gemeinsam bei der Hochzeit von Verwandten in Kana. Wie sie ihn wohl beim Ärmel gezupft hat: Schau doch, Jesus, die Ärmsten, sie haben keinen Wein mehr. Wir erleben Maria keinesfalls als asketisch und streng, nein, sie scheint voller Verständnis und gönnt den Menschen die fröhlichen Feste des Lebens. Auch wenn Jesus sie zunächst schroff zurechtweist. »Frau, meine Stunde ist noch nicht gekommen.« Schließlich tut er doch, was seine Mutter ihm nahelegt. Die Zumutung Gottes und der Mut Marias, mit dem sie darauf antwortet, führt sie schließlich bis unter das Kreuz ihres geliebten Sohnes. Nur eine Handvoll, fast ausschließlich Frauen, ist geblieben. Die meisten Freunde geflohen. Es war mutig, beim Kreuz zu stehen. Denn damals drohte jedem, der sich zu einem hingerichteten Verbrecher bekannte, das gleiche Schicksal.

Maria war sehr mutig. Und es war eine innige Liebe, die Mutter und Sohn verbunden hat, die Stunde des Sterbens macht dies überdeutlich. Noch am Kreuz schaut Jesus voller Liebe auf seine Mutter. Seine Zuneigung zu ihr zeigt sich, wie er mitten in seinem qualvollen Sterben an sie denkt. Es ist als wollte Jesus für Maria ganz fürsorglich und zärtlich eine Lücke schließen, die er hinterlässt. So sagt er zu Johannes: Sieh, deine Mutter! Und zu Maria: Sieh, dein Sohn! Eine Zumutung Gottes, dieses Kind. Und das beste und größte Geschenk, das Gott einem Menschen jemals machen kann, dieser Jesus!

Und da sind wir bei uns. Und dem größten Geschenk Gottes für unser Leben, dieser Jesus.
Und wir sind bei den Zumutungen Gottes in unserem Leben. »Das Christentum ist kein Spaziergang«, hat Papst Johannes Paul II. einmal dazu gesagt. Wir merken das ein Leben lang. Manchmal kommt es heftig. Manchmal mutet uns Gott sehr viel zu. In solchen Situationen hilft es, auf Maria zu schauen, wie sie geglaubt und vertraut hat mit einem grenzenlosen Vertrauen. Und da wir ja gerade in der

Zeit vor dem Pfingstfest sind: Denken wir doch an Maria, wie sie nach dem Tod Jesu mittendrin im Kreis seiner Jünger und Jüngerinnen blieb. Miteinander im Gebet. Genauso wie wir heute Abend. Auch da kann Maria uns ein Vorbild sein. Nicht nachzulassen, zusammenzukommen und gemeinsam zu beten.

In einer Zeit, in der das nicht mehr so selbstverständlich ist und doch so dringend und so notwendig. In einer Zeit, in der unsere Kirche geschüttelt wird von dem unschuldigen Leid der Kinder, Vertrauensbruch und Krise. Beten wir um diesen Geist von Jesus, um den Beistand Gottes in dieser unserer so bewegten Zeit. Beten wir um den Geist Gottes, den Geist von Jesus, der lebendig macht und jeden Tod überwinden kann.

Katharina Barth-Duran

Austragen, was unerträglich erscheint – Meditation

Wie du Maria
austragen was unerträglich scheint
die Zumutungen Gottes
seine Verheißung
über den Rahmen des Bekannten und Möglichen hinaus

Wie du Maria
die eigene Angst und Verzagtheit überwinden
das Unverständnis der Leute
der eigenen Familie
und wie sie den Stab über dich brechen
austragen mit einer Hoffnung im Herzen die Leben heißt

Wie du Maria
Ja sagen mit einem Glauben der Berge versetzen kann
und bei aller Verletzlichkeit
dem Unbegreiflichen Raum gibt
dem Wunder aller Wunder

Wie du Maria
Gottesgebärerin sein
eine Theotokos
die Gott zur Welt bringt als kleines Kind
und die Menschen wieder staunen lässt
über das große Geheimnis der Menschwerdung
mitten unter uns

Katharina Barth-Duran

Meine Maienkönigin I – Meditation

Zwei Bilder zu den beiden folgenden Meditationen finden Sie in den Downloadmaterialien zu diesem Buch

Nicht mehr das blutjunge Mädchen in der Blüte ihrer Jahre
keine Alabasterhaut mit engelsgleichen Zügen
die Leichtigkeit des Seins scheint dahin
Weder unerfahren noch sorglos
und faltenfrei angesichts der Zumutungen
die das Leben bereithält
zeitweise unerträglich
Und dennoch
mit geschlossenen Augen einen Durchblick zum Himmel
mit weisem Lächeln
trotz allem immer noch offen
für Gottes Geschenke

und die Umarmungen des Frühlings
jedes Jahr anders
neu und wundervoll

Katharina Barth-Duran

Meine Maienkönigin II – Meditation

Meine Maienkönigin
ist alles andere als abgehoben
mit beiden Füßen
steht sie fest auf dem Boden
ist geerdet im Leben
unter dem blauen Himmel

Meine Maienkönigin gleicht einer Bäuerin
die beim Acker des Lebens über die Felder wacht
und sich um Nahrung und tägliches Brot
für so viele Kinder sorgt
Natürlich und herb ist ihre Schönheit
gegerbt von Wind und Wetter
auch harter Arbeit
Not und Verzweiflung
nicht nur wegen des Klimas

Immer wieder
muss sie die Augen schließen
kann nicht mit ansehen
die Gräueltaten der Menschen
die ihren Acker vernichten
gewaltsam und kriegerisch
die Saat im Keim ersticken
andere hungern und sterben lassen

Meine Maienkönigin erträgt es nur
wenn sie die Augen schließt
immer wieder nach innen schaut

wo die gute Hoffnung heranwächst
wie ein kleines Kind
im Mutterschoß
und sie lächeln lässt
immer noch
trotz allem

Katharina Barth-Duran

Das kleine Häuflein der Hoffnungsvollen – Predigt zu Mariä Himmelfahrt

Mitten im Sommer feiern wir Mariä Himmelfahrt. Wir lassen Heilkräuter segnen, haben Gottes Schöpfung, unser Heil und unsere Gesundheit im Blick. Mitten im Sommer klopft der Tod an die Tür. Es überrumpelt uns oft. Wer denkt bei Sonnenschein schon ans Sterben. Aber es kann sogar mitten im Urlaub sein. Und dann kommen die großen Fragen, für jeden von uns: Ist jetzt alles aus und vorbei? Wie kann das sein mit einem Weiterleben? Und schon sind wir bei Himmelfahrt und Auferstehung und all unseren Zweifeln daran.

Auch Christen haben große Zweifel an der Auferstehung. Das belegen Umfragen mit Zahlen. Und ich sehe, dass immer mehr unter uns statt einem kirchlichen Begräbnis zu einer Abschiedszeremonie beim Bestatter mit einem freien Redner übergehen. Dieser macht das ja auch sehr persönlich und feierlich mit einem Rückblick auf das Leben. Nur über das, was nach diesem Tod kommt, herrscht oft peinliches Schweigen.

Mir tut das manchmal in der Seele weh. Denn es zeigt ja auch das große Problem von uns heutigen Menschen. Wie schwer ist für uns der Glaube an ein Leben nach dem Tod. Wie schwer ist es, dem Wort Gottes zu vertrauen, das uns durch Jesus überliefert ist. Wir scheinen viel zu wissend und zu klug, verlassen uns in der Regel auf das, was wir sehen und begreifen, machen, leisten und bezahlen können. Da fällt es schwer zu glauben. Denn Glauben ist »nicht wissen«.

Auch ich kann in Trauergesprächen den Menschen nicht genau sagen, wie es weitergeht nach dem Tod ihrer Lieben. Denn gerade an diesem Punkt hört das Wissen auf und unser Glaube ist gefragt. Der Glaube an einen Gott und Schöpfer allen Lebens. Der Glaube, der von uns das Vertrauen eines Kindes erfordert, uns fallen zu lassen in Gottes gute Arme. Oft sogar in einen Abgrund zu fallen in der Überzeugung: Ich kann nie tiefer fallen als in Gottes Arme.

Es gibt nicht mehr viele, die in unserer Zeit und Gesellschaft uns einen solchen Glauben voller Vertrauen vorleben. Dabei sind dieser Glaube, unser Glaube und unsere Hoffnung so wichtig für unsere Welt mit all ihrer Ausweglosigkeit, dem großen Unheil und der Erfahrung, wie kurz unsere Lebensspanne doch sein kann. Manche mögen darüber depressiv werden oder verzweifeln. Für mich ist unser Glaube die tröstlichste Antwort, die wir haben, ein Geschenk von oben. Eine Gnade, wie es die alten Menschen sagten. Es ist nicht einfach, oft ein Schwimmen gegen den Strom, der Verheißung Gottes zu trauen, seinem Wort von der Auferstehung zu glauben.

Aber wir können es einüben, das Vertrauen eines Kindes, auch heute noch, egal wie alt wir sind. Auch wenn die Tatsachen noch so dagegen sprechen. Unser Glaube gibt uns langen Atem. Ewigkeitsatem. Und deshalb wollen wir gerne zu den Kleinen und den Armen des Evangeliums gehören, die, allen schlechten Nachrichten von Gewalt, Untergang und Krieg zum Trotz, das Leben hegen und pflegen.

Dazu gehört auch ganz Praktisches: weniger CO_2 verbrauchen, einen einfacheren Lebensstil pflegen, so wie Menschen, die zu Fuß gehen oder Rad fahren oder weniger Fleisch essen und damit sich selbst und die schöne Natur wieder beleben.

Wir wollen zu dem kleinen Häuflein gehören, das an einem Sommerabend durch die Wiesen und Felder läuft und auf die Wunder der Schöpfung, die kleinen Kräuter und Blumen am Weg achtet. Das Heil im Blick, das uns Gott zu Füßen legen will.
Wir wollen zu den wenigen gehören, die sich heute hier im Grünen versammeln zu einem Gottesdienst, um unserem Schöpfer Danke zu sagen für das Leben, das er uns einst ewig schenken will.
Wir wollen Gott danken, singen und loben, wie Maria in ihrem Magnificat, das die Armen seligpreist und die Kleinen groß sein lässt und ein Kind in die Mitte stellt.
Wollen wieder Kind sein mit einem Blick voller Hoffnung auf den Himmel, auf unser ewiges Leben bei Gott.

Katharina Barth-Duran

Geschenke der Schöpfung – Predigt zu Mariä Himmelfahrt

Als ich in diesen heißen Sommertagen, meistens am frühen Morgen, mit dem Fahrrad auf den Feldwegen unterwegs war, sind sie mir aufgefallen, die Kräuter am Weg.
Ich wollte ja auch einen kleinen Kräuterbuschen binden, um ihn an diesem Fest heute segnen zu lassen. Ich habe mich gewundert, dass trotz der lang anhaltenden Trockenheit immer noch so viele Kräuter sozusagen im Straßengraben wachsen. Gott will mir und uns sein Heil zu Füßen legen, denke ich dann immer. Ja, Gott will, dass wir heil und glücklich sind, und es tut gut, wenn wir das sehen können in unserer wunderbaren Natur.

Und ich muss gestehen: Ich genieße die schönen Tage und freue mich über jeden Sonnenstrahl. Doch Jahr für Jahr wird dieser Genuss durch das Wissen getrübt: Landwirte im Norden und in Ostdeutschlang klagen über große Ernteausfälle wegen der Dürre und trockenen Böden. Noch können viele Regionen etwas ausgleichen mit der Bewässerung der Äcker und Gärten. Aber je länger kein Regen fällt, umso ernster wird die Lage und das Wasser in unseren Flüssen und Seen wird knapp.

Das Wort »Klimawandel« ist in den Köpfen, und nur ganz Uneinsichtige können diese menschengemachten Katastrophen für unsere Umwelt, Boden und Luft leugnen. Gott will uns das Heil und das Glück schenken und wir werden umdenken müssen, wenn wir weiterhin die Gaben seiner wunderbaren Schöpfung genießen wollen. Glyphosat auf den Feldern, Plastikmüll im Meer, mal eben einen Flug nach Mallorca buchen oder neue Klamotten kaufen oder mit dem Auto zum Bäcker um die Ecke – das sollten wir uns in Zukunft eher zweimal überlegen und nach anderen Möglichkeiten suchen.

Gott spricht ja in seiner geplagten Natur zu uns, und zwar ziemlich deutlich. Mir ist in diesem Jahr übrigens die wunderbar himmelblaue Wegwarte an allen Straßenrändern ins Auge gefallen. Auch an der Bundesstraße war diese zarte, aber widerstandsfähige und zähe Heilpflanze mit den tiefen Wurzeln zu sehen. Vielleicht habt ihr das ja auch bemerkt ... Jedenfalls habe ich gedacht, dass wenn diese Wegwarte mir schon so deutlich über den Weg läuft, sie mir vielleicht helfen will, helfen kann. Meine Ärztin hat das bestätigt. Die Heilkraft der Wegwarte ist sehr umfassend. Sie ist gut für unsere inneren Organe: Magen, Darm, Leber, Milz, Galle, auch bei Hautunreinheiten und Ekzemen. Bereits Pfarrer Sebastian Kneipp sagte: »Die Wegwarte wartet wirklich an jedem Weg auf dich, um dich gesund zu machen!« Wir brauchen so ein Gotteskraut wieder, musste ich denken. Wir brauchen es für unseren Leib, aber auch für unsere Seelen. Und da gibt es die schöne alte Legende, wie die Wegwarte zu ihrem Namen kommt und warum sie früher als Liebeszauberblume galt.

Einst wartete ein junges Burgfräulein auf die Rückkehr ihres Geliebten vom Kreuzzug. Auch als die Hoffnung schwand, dass der Ritter wiederkommen würde, stand sie Tag für Tag am Wegesrand. Schließlich wurde sie in eine Blume verwandelt, die Wegwarte. Mich hat diese alte Legende berührt. Was für eine treue Liebe, die so lange warten kann! Und ist es nicht das, was wir gerade heute in unserer Zeit wieder so dringend nötig haben!? Eine Liebe, die auch wenn es aussichtslos erscheint, immer noch treu ist und wartet. So ist Gott zu uns. Nicht fern, sondern ganz nah am Wegrand, will er uns zeigen, dass er auf uns wartet und für uns da sein will. Nur: Der moderne Mensch fährt meistens achtlos, in hoher Geschwindigkeit an dieser rührenden Liebe Gottes vorbei. Wir hinterlassen Staub und Abgase auf seinem Heilsangebot …

Manchmal befällt mich die Sorge, wie lange Gott das wohl noch durchhalten wird – so viel Gottesferne und Missachtung beim Menschen – ob Gottes Heil in unserer Welt nicht doch irgendwann darüber zugrunde geht und ausgerottet ist, weil der Mensch es missachtet, mit Füßen tritt? Wir sind jetzt hier im Gottesdienst. Entgegen dem Trend wollen wir aufmerksam sein auf Gottes Liebe und sein Wort. Wenn wir die Kräuter gleich segnen lassen, dann erinnern wir uns daran, dass der Segen Gottes nichts ist, was er uns ungefragt überstülpen will. Eine Zwangsbeglückung sozusagen. Gott will auch nicht in erster Linie die Kräuter segnen. Gott will uns segnen. Gott selbst will uns in seinen Heilkräutern ganz nahe kommen. Wenn wir sie essen und trinken, um heil zu bleiben oder zu werden, ist Gott uns spürbar ganz nah. Gott will uns mit seiner guten Schöpferkraft heil und glücklich machen. Und wir müssen gar nicht viel dazutun, nur eines: seine großen Geschenke annehmen …mit einem offenen Herzen, das Dankeschön sagt.

Katharina Barth-Duran

Raum für Gott lassen – Predigt zu Mariä Himmelfahrt

Bestimmt haben Sie das auch bemerkt …
Mir jedenfalls scheint es so, dass in diesem Jahr das Grün draußen besonders grün und üppig grünt, manche sagen vielleicht, es wuchert. Und im Straßengraben beim Gehen, Radfahren oder auch vom Auto aus sehe ich eine Fülle der verschiedensten Heilkräuter wachsen. In einem langen, prächtigen Teppich sozusagen, sind sie aufgereiht: die blaue Wegwarte, die wilde Möhre, Dost und Odermenning, das leuchtende Johanniskraut und die Kamille. Gott legt uns das Heil sozusagen zu Füßen in diesen Sommertagen. Manchmal macht es mich auch nachdenklich, wenn direkt nebendran auf den Feldern, die der Mensch bearbeitet, nichts mehr davon zu sehen ist. Ob Unkraut oder Heilkraut, da wird gespritzt und so vieles vernichtet, manchmal zu viel und zum Schaden von Schöpfung und Mensch.

Vielleicht können wir daraus auch den Schluss ziehen, dass heutzutage Gott und seinem Wachsen und Heils-Wirken nur der schmale Streifen am Wegrand und im Straßengraben bleibt, wohingegen da, wo der Mensch sich die Erde untertan macht, doch stets auch die Gefahr von Unheil und Bedrohung der Schöpfung im Spiel ist. Und Maria, was hat diese heilige Frau, deren Himmelfahrt wir heute feiern, mit Gottes Heilswillen und mit uns heute noch zu tun?

Nun, das Wichtigste ist wohl, dass Maria in ihrem Leben viel Raum für Gott gelassen hat. Sie war jung, vielleicht 15, als sie Ja zu Gottes Willen gesagt hat. Ja, sie war fromm, aber keineswegs naiv. Sie war ein gebildetes und kluges Mädchen. Ihre Familie gehörte zu der gehobenen Priesterkaste in Jerusalem. Maria kannte die Heiligen Schriften. In ihrem Herzen konnte sich Gottes Wort in aller Fülle und Pracht entfalten wie schöne Blumen und heilende Pflanzen, da blieb nicht nur der dünne Saum am Rand. Sie wusste von einem Messias, der die Mächtigen vom Thron stürzt und die Niedrigen erhöht. Einer, der die Hungernden satt macht, die Reichen leer ausgehen lässt und die Trauernden tröstet. Und als sie ihn zur Welt gebracht hatte, den Gottes Sohn, da wird im Zusammenleben mit dem kleinen, heranwachsenden Jesus in ihrer Familie in Nazareth ihr jüdischer Glaube und das Gebet eine wichtige Rolle gespielt haben. So wie das auch heute noch bei gläubigen Eltern und ihren Kindern ist. Maria war die Mutter Jesu und schließlich hat er als erwachsener Sohn, vielleicht wegen ihr, das erste Wunder gewirkt.

Vielleicht hat sie ihn bei der Hochzeit zu Kana unauffällig am Ärmel gezupft und ihm leise zugeflüstert: Sieh nur, sie haben keinen Wein mehr. Und trotz seinem etwas schroffen Hinweis, seine Zeit sei noch nicht gekommen, war Maria sich ziemlich sicher und sagte den Dienern nur, was er euch sagt, das tut. Sie ließ sich nicht beirren und kannte ihren Sohn doch recht gut. Genauso könnte sie ein anderes Mal gesagt haben: Jesus, sieh' doch einmal, wie krank dieser Mann ist. Oder: Schau nur, wie die Frau dort leidet. Maria wird in ihrer offenen und warmherzigen Art ihren Sohn geprägt haben. Nicht nur die kranken Menschen kamen in Scharen und wollten das Heil Gottes für ihre Seelen bei ihm finden.

Noch heute gilt Maria für uns als Fürsprecherin bei ihrem Sohn. Wenn wir die vielen Kerzen sehen, die in den dunklen Winkeln der Kirchen auf aller Welt bei dem Bild der Schmerzensmutter entzündet werden, dann ahnen wir, welche Bedeutung die Gottesmutter für Menschen in all ihrer Not, ihrer Trauer und in ihren Schmerzen an Leib und Seele hat. Unser Glaube sagt, sie sei Jesus, dem Christus, gefolgt und wie er auferstanden mit Leib und Seele. Unser Glaube verspricht, auch wir werden auferstehen nach aller Not und allem Unheil dieser Welt. Unser Glaube betet und singt, auch heute noch: Segne du Maria, segne mich, dein Kind, dass es hier den Frieden, dort den Himmel find'!

Katharina Barth-Duran

Weitwegerich – Meditation

Weitwegerich
Umwegerich
Irrwegerich
Der Mond blüht
Weiß in deinen Ähren
Und lässt die Straßen heller werden
Die ich noch gestern ging
Und leise grünt darauf
Ein tiefer Sinn

Ute Elisabeth Mordhorst

Maria neu entdecken – Predigt zu Lk 11,27–28 (Mariä Himmelfahrt)

Was mag die Frau aus der Menge wohl dazu bewogen haben, ihre Stimme zu erheben und auf die Mutter dieses charismatischen Wanderpredigers Jesus zu verweisen? Nun, man muss das nicht überinterpretieren. Das Lob der Mutter war im Alten Orient eine übliche Weise, dem Sohn ein Kompliment zu machen. So wie es umgekehrt bis heute auch noch üblich ist, einen Menschen durch Schmähung der Mutter zu beleidigen. Interessant daran ist allerdings, dass es in beiden Fällen immer um die Mutter geht. Offensichtlich gibt es schon seit Jahrtausenden das Gefühl, dass eine Mutter untrennbar mit dem Leben ihrer Kinder verbunden ist. Ein schlimmer Kerl muss auch eine üble Mutter gehabt haben – und ein charismatischer Wanderprediger eine von Gott besonders bevorzugte.

Gott hat sich mit seiner Menschwerdung ganz auf diesen sehr menschlichen Kreislauf eingelassen. Er ist nicht einfach erschienen und war da. Er hat sich von einer Frau austragen, gebären, stillen und großziehen lassen. Vielleicht war es auch dieses Wunder, das

jener Frau in dem Augenblick bewusst wurde: dass dieser Messias tatsächlich in einem Mutterleib ausgetragen und von einer Brust gestillt worden ist. Wie jeder andere Mensch auf dieser Welt.
Aber kann ein Gott wirklich von einer ganz normalen Frau zu Welt gebracht werden? Einer Legende nach fanden die Apostel, als sie nach drei Tagen zum Grab Marias kamen, keinen Leichnam, sondern nur duftende Blumen vor. Die Mutter Gottes hatte sich verduftet. Was für ein wunderschönes Bild, die duftenden Blumen sind das, was von ihr auf dieser Erde zurückgeblieben ist. Von dieser Legende ausgehend hat sich schon in den ersten Jahrhunderten des Christentums der Brauch einer Kräuterweihe entwickelt. Später wurde diese dann ganz konkret mit dem Marienfest in Verbindung gebracht. Bis heute hält sich dieser Brauch zumindest im ländlichen Bereich. Und so wie die Feste der Geburt und der Auferstehung Jesu zeitlich mit den Sonnenwenden einhergehen, so nehmen die Marienfeste den irdischen Zyklus in den Blick und verweisen auf die Zeit der Ernte. So galten früher die Tage zwischen Himmelfahrt und Mariä Geburt am 8. September als »Frauendreißiger«, die Zeit zwischen den sogenannten Frauentagen. Es sind die Tage, in denen viele Heilkräuter gesammelt werden, da diese nun, vollgetankt mit der Kraft der Sommersonne, die stärkste Heilwirkung entfalten können.

Maria, die Mutter Gottes, hat uns – wie es so typisch ist für Mütter – eine praktische und handhabbare Hilfe zur Umsetzung der Aufforderungen ihres Sohnes hinterlassen. Sie hat wohl schon geahnt, dass die meisten damit überfordert sein würden, allein durch ihren Glauben und per Handauflegung Menschen zu heilen. So hat sie uns mit den duftenden Blumen und Kräutern in ihrem Grab daran erinnert, dass Gottes Schöpfung uns immer schon alles bereitgestellt hat, was wir brauchen, um Schmerzen zu lindern und Krankheiten zu heilen. Wir müssen gar keine Wunder wirken, das Wunder ist die Schöpfung selbst. In ihr ist alles grundgelegt, alles vorhanden.
Maria, die weibliche Seite der göttlichen Inkarnation, verkörpert die leibliche Seite des Glaubens, die Verbundenheit mit dem Irdischen,

mit der Schöpfung. Sie ist vielen näher, ansprechbarer als der große Christus, weshalb viele Menschen an Marienaltären beten, wenn es um ganz konkrete Anliegen, vor allem um Heilungsanliegen geht. So als hätten sie das Gefühl, mit den Lappalien des Alltags nicht gleich Gott persönlich behelligen zu wollen. Maria ist die Vermittlerin, bei der wir uns gut aufgehoben fühlen, die ein offenes Ohr für jedes noch so kleine Problem hat – wie eine Mutter eben, die die ganze Dramatik eines aufgeschlagenen Knies versteht. Über die ganze Welt verteilt gibt es Heiligtümer, an denen Maria den Menschen erschienen ist. Wenn man an solchen Orten die Geschichten der Menschen hört, wenn man die Votivtafeln liest, kann man nicht umhin zuzugeben, dass Wunder offensichtlich geschehen. Immer wieder, bis in unsere heutige Zeit, scheint es so, als wollte Maria uns helfen, die Verbindung zwischen Himmel und Erde nicht abreißen zu lassen. Sie kommt uns entgegen als eine, die immer noch »eine von uns« ist – und uns zugleich die Tür zum Reich Gottes aufhält. Auch darin ist sie ganz und gar Mutter: die Vermittlerin, die immer wieder dafür sorgt, dass alle zusammenkommen.

Den Ruf der Frau aus der Menge wiederholen wir bis heute mit den Worten Elisabeths im Ave Maria. Und die Antwort Jesu gibt dem Bild der Mutter Gottes eine wichtige Abrundung. Denn er fügt noch eine wichtige Eigenschaft seiner Mutter hinzu, die uns alle letztlich zu Vätern und Müttern Gottes macht: Selig sind die, die auf das Wort Gottes hören und es befolgen. Diese Erwiderung, oder besser: Erweiterung der Lobpreisung seiner Mutter ist ein wichtiges Fundament für jede Marienfrömmigkeit. Jesus mahnt hier gewissermaßen schon vorausschauend: Macht es euch aber nicht zu gemütlich bei meiner Mutter! Eine Marienfrömmigkeit im Stile eines »Hotel Mama«, wo man sich darauf verlässt, dass Mutti es schon richten wird und einem – im übertragenen Sinn – auch mit 30 noch die Socken aufsammelt und die Wäsche wäscht, ist nicht im Sinn des Evangeliums. Maria, hilf und bewahre mich davor, selbst Verantwortung zu übernehmen – eine solche Frömmigkeit entsteht dort, wo Maria zur entrückten Übermutter erhoben wird, unter deren großem und weitem Mantel man kuschelige Zuflucht suchen kann, wenn die Welt zu anstrengend, zu böse, zu fordernd wird. Und die Grenze ist durchaus fließend. Es mag sich jede und jeder von uns in einer stillen Stunde fragen, welche Sehnsucht wir mit der Gottesmutter verbinden.

Vielen ist heute jede Form einer Marienfrömmigkeit fremd geworden, was sehr schade ist. Denn gerade ihre Weiblichkeit, ihre Mütterlichkeit und ihr unerschütterlicher, starker Glaube, der sie auch dann noch verharren lässt, als alle Männer verzweifelt weggelaufen sind, all diese Eigenschaften – und nicht zuletzt eben auch ihre Nähe zu uns als Mensch, als eine von uns, können zu einer inspirierenden und nährenden Glaubensquelle werden. Ich kann jeden und jede nur dazu ermutigen, einen ganz eigenen Zugang zu Maria zu suchen und zu finden.
Vielleicht gehen Sie einfach mal in der Woche in die Kirche zum Marienaltar. Stellen Sie sich einfach nur davor oder setzen Sie sich, vielleicht mögen Sie eine Kerze entzünden. Und dann fragen Sie sie einfach. Fragen Sie ... was auch immer Ihnen in den Sinn kommt. Amen.

Martina Jung

Neuentdeckung – Gedanken zum Rosenkranzgebet

Zum Fest heute, »Unsere liebe Frau vom Rosenkranz«, und zum Rosenkranzmonat Oktober sind mir einige Erinnerungen und eigene Erfahrungen mit dem Rosenkranzgebet gekommen, von denen ich euch und Ihnen kurz erzählen möchte.

Die erste Erfahrung reicht zurück in meine Kindheit und Jugend. Ich bin in einer sogenannten gut katholischen Familie in einem kleinen Dorf an der Mosel aufgewachsen und war die Älteste von sechs Geschwistern. Der Oktober war bei uns Kindern nicht unbedingt beliebt. Denn immer, wenn es Abend wurde, riefen meine Eltern uns zusammen, und so nahmen wir wie Orgelpfeifen im Treppenhaus auf den Stufen Platz, denn es war Zeit, um den Rosenkranz zu beten. Einen ganzen Rosenkranz, 5 Gesätze lang, jeweils 10-mal ein »Gegrüßet seist du, Maria«. Das war für uns eine halbe Ewigkeit. Mein Vater betete vor und wir Ältesten verdrückten uns oben auf der Treppe, wo wir nicht so gesehen wurden und vor uns hinmurmeln konnten oder auch nicht und nur hofften, dass es bald vorüber sei. Es war sehr langweilig und dem Rosenkranzgebet konnte ich damals nicht viel abgewinnen.

Anders meine Erfahrung als junge Frau. Mit 28 Jahren, soeben verheiratet und von der Hochzeitsreise zurück, starb eine gute, gleichaltrige Freundin an Krebs. Nachdem sie in der Uniklinik gestorben war, sollte sie in ihr Heimatdorf zurückgebracht werden. Das ganze Dorf war auf den Beinen, um diesem Leichenwagen mit meiner Freundin am Ortseingang entgegenzugehen, sie sozusagen nach Hause zu holen. Es hat mich gerührt und es waren bleibende Eindrücke, wie meine Freundin bei der Kirche nochmals aufgebahrt und der Sargdeckel geöffnet wurde. Ihr verzweifelter Vater wollte sich laut weinend auf seine Tochter stürzen, um sie zu umarmen, aber die Umstehenden haben sich bemüht, ihn davon abzuhalten und vom Sarg zurückzuziehen. Es war wirklich zum Verzweifeln.

Und dann waren wir zum Totengebet in dieser kleinen Kirche auf dem Land, und irgendjemand begann, den Rosenkranz zu beten. Die Männer auf der rechten Seite im Wechsel mit den Frauen auf der linken Seite. Ein so inniges, vielstimmiges Beten, wie eine gleichbleibende, tröstliche Melodie, die nicht enden wollte. Und das in einer Situation, in der einem eigentlich jedes Wort im Hals stecken bleiben möchte, und man gar nicht wusste, was da noch gebetet werden kann. Da war mir und der ganzen Gemeinde das Rosenkranzgebet eine unendlich große Hilfe: Wir konnten all unseren Schmerz, das Leid und den Tod in dieses dahinfließende

Gebet hineingeben, und ich spürte, wie in mir ein großer Friede, Stille und Ruhe einkehrten.

Diese Erfahrung ist geblieben. So ist mir auch heute noch das Rosenkranzgebet eine große Stütze, gerade in Situationen, in denen mir die Worte fehlen, in denen die Angst hochkommt oder großes Leid. Erst am Wochenende, als ich meine alte Mutter im Seniorenheim besucht habe und traurig war, wie sehr sie in kurzer Zeit abgebaut hatte, körperlich und geistig, da habe ich ihr einen Rosenkranz in die Hand gegeben und meinen genommen. Nein, den schmerzhaften Rosenkranz wollte sie nicht beten, sondern den glorreichen. Auch wenn ich mir da mit den Gesätzen nicht so sicher war, Perle für Perle haben wir gemeinsam gebetet. Klar und sicher klang die Stimme meiner inzwischen 92-jährigen Mama beim Lied, das ich danach angestimmt habe: »Segne du, Maria, segne mich, dein Kind!« Wie tröstlich und schön für uns beide! Heute denke ich anders über diese Tradition des Rosenkranzbetens, die ich als Kind in meinem Elternhaus kennenlernen durfte.

Katharina Barth-Duran

Maria, Schwester im Glauben – Ökumenische Ansprache

Es gibt ein Foto von mir im Kindergartenalter, das mich mit einem blauen Schleier und rotem Gewand zeigt. Ich stehe an einer Krippe, nebenan mein kleiner Bruder als Josef und das jüngste Geschwisterchen als Baby im Stroh. Da ich in einer sogenannten gut katholischen Familie groß geworden bin, gab es für mich ganz selbstverständlich schon im Kleinkindalter Berührungspunkte, erste Begegnungen mit Maria, der Mutter Jesu. Ich erzähle Ihnen das, weil in unserem ökumenischen Vorbereitungskreis für diese Andacht deutlich wurde, wie verschieden uns Traditionen geprägt haben, in denen wir aufgewachsen sind. Wir katholischen Frauen hörten, dass neben dem Papstamt es vor allem auch die Marienverehrung in der Tradition der katholischen Kirche sei, die für evangelische Frauen fremd ist oder sogar ein Stein des Anstoßes sein kann. Zu Maria beten, was für die einen möglich ist, war für die anderen undenkbar.

So waren wir uns einig, dass wir an das Thema »Maria« sehr behutsam herangehen wollten, um die Gräben zwischen uns nicht zu vertiefen, aber dass doch auch eine Chance darin liegen könnte, einmal genau hinzuschauen, nicht nur auf das Trennende, sondern gerade auch, was uns in Beziehung zu Maria verbindet. Wir knüpften Hoffnung daran, wieder an unseren gemeinsamen Ursprung zu gehen, wieder aus der frischen Quelle des Evangeliums zu schöpfen. Wir glaubten, dass Maria, als eine so bedeutsame Frauengestalt der Bibel, als »Gottesgebärerin«, so ihr Titel in der alten Kirche, uns Frauen von heute noch viel sagen kann. Uns ganz viel sagen kann, wie wir Leben bestehen und Glauben bewahren können in dem Einerlei und der scheinbaren Bedeutungslosigkeit unseres Alltags, aber auch in unseren Krisen und an den Wendepunkten unseres Lebens.

Wir hatten die Idee, dass es für uns eine Bereicherung sein könnte, ja dass es uns helfen könnte, uns selbst zu finden, wenn wir Maria als Frau, als Mutter, als Schwester im Glauben entdecken. Und wenn auch Sie jetzt daran Interesse gefunden haben, möchte ich Sie mitnehmen auf eine Reise, die ich vor wenigen Tagen gemacht habe. Eine Reise, bei der ich ganz unvermutet auch auf Maria getroffen bin.

Ich habe in den Pfingstferien eine Schweigewoche bei den Brüdern von Taizé in Burgund verbringen dürfen. Ihre ökumenische Gemeinschaft setzt sich mit Leib und Seele für die Einheit der Christen, ja für die Versöhnung aller Menschen ein. Und dort, in der Versöhnungskirche von Taizé, habe ich Maria entdeckt. Wer schon einmal in dieser großen Kirche war, weiß, dass der Altarraum in der Kirche von Taizé ein Raum voll von Wärme und Licht ist. Und direkt neben diesem Altarraum, rechts und links davon, sehe ich wie in einem aufgeschlagenen Buch drei Ikonen aus dem Leben Jesu, Bilder, auf denen auch Maria ganz wesentlich und unmittelbar in seiner Nähe ist. Und ich möchte nun gerne einmal mit Ihnen auf diese Bilder schauen, die uns die Geschichten aus der Bibel erzählen, erzählen von Jesus und Maria. Mein Blick fällt zunächst auf die linke, auf die Herzseite.

Eine junge Mutter, Wange an Wange mit ihrem kleinen Kind, das sie in den Armen hält. Das Kind ist dem Gesicht seiner Mutter zugewandt, es legt zärtlich seine Arme um ihren Hals. Ein Bild in warmen Rottönen, ein Bild voller Liebe und Licht. Der kleine Jesus auf dem Arm seiner Mutter Maria. Eine Geschichte von Mutter und Kind, die nur möglich war, weil Maria Ja gesagt hat, damals als der Engel zu ihr kam und sie fragte. Sie war kein willenloses Werkzeug, das ist für mich sehr wichtig, dass auch wir nie willenlose Werkzeuge in der Hand eines allmächtigen Gottes sind. Nein, Gott hat sie gefragt und auf eine Antwort gewartet. Gott war angewiesen auf das Ja von Maria, um zur Welt zu kommen. Gott ist immer angewiesen auf unser Ja. Es lag an Maria, ihm so oder so zu antworten. Und es war wirklich kein gedankenloses Ja, das sie sprach.

Sie hat durchaus überlegt, hatte bei allem Erschrecken den Mut nachzufragen und ganz realistisch und nüchtern zu sagen: Wie soll das geschehen? Maria wusste um dieses Ungeheuerliche der Zumutung Gottes. Sie kannte ihre Umgebung, wusste, was die Menschen in ihrem Dorf denken und reden würden. Und diejenigen von Ihnen, die ein, zwei Generationen zurückdenken können, wissen, was es für eine Frau bedeutet hat, schwanger zu werden mit einem unehelichen Kind. Maria wusste auch um die Zumutung für Josef: seine Braut und schwanger von einem anderen, von Gott. Das war undenkbar.

Was immer uns diese biblische Geschichte an Wahrheit vermitteln kann, es geht um etwas Ungeheuerliches, Unbegreifliches, um ein Mysterium. Gott will zu uns kommen, ganz nah, aus nichts anderem als aus Liebe. Gott will Mensch werden in einer Frau, in einer von uns. An dieser Stelle könnte ich so viele Gedanken einfügen und vielleicht sind es auch Ihre. Gedanken daran, wie empfänglich wir für Gottes Wort heute noch sind. Wie bereit, seiner Liebe die Tür zu öffnen, ihn in uns sichtbar werden zu lassen? Gedanken auch, wie wir miteinander umgehen, wie wir den freien Willen des anderen achten, sein Ja abwarten können. Gedanken auch zum Umgang von Mächtigen und Kleinen, von Reichen und Armen, von Männern und Frauen in dieser Kirche.

Als niedrige Magd sieht Maria sich nur in Beziehung zu ihrem großen Gott, der sich so klein macht. Es ist ihre Freude, es ist ihr Lied, es ist ihr Magnificat, das sie – erfüllt von Gott – beim Besuch ihrer Kusine Elisabeth singt. Das Selbstbewusstsein dieser Frau kommt aus ihrer unmittelbaren Verbindung mit Gott: Siehe, von nun an preisen mich selig alle Geschlechter. Wenn Gott in uns zur Welt kommt, geschieht Unerwartetes. »Lass uns in Dankbarkeit den Weg gehen, auf dem unser Leben zu singen beginnt«, beten die Brüder in Taizé. Maria singt ihr Magnificat, das Lied der Befreiung: »Er stürzt die Mächtigen vom Thron und erhöht die Niedrigen. Die Hungernden beschenkt er mit seinen Gaben und lässt die Reichen leer ausgehen.« So ganz und gar nicht abgehoben von einer harten, oft leidvollen Wirklichkeit wurde Maria zur Mutter Jesu, zur Mutter für Menschen und Völker im Kampf um ihre Freiheit, um das Leben. Sie wurde zur Gottesmutter von Tschenstochau, die sich mit einer Solidarnosc-Bewegung auf den Weg macht, wurde zur dunklen Madonna von Guadeloupe, die den entrechteten Völkern Südamerikas Zuflucht und Hoffnung bedeutet. Es ist keine liebliche Geschichte von Mutter und Kind. Das können wir sehen, wenn unsere Augen in der Versöhnungskirche von Taizé über eine Brücke aus Steinen und Lichtern zur rechten Seite des Altares weiterwandern, wo die Kreuzesikone steht.

Dazwischen liegen Jahre. Jahre eines einfachen, verborgenen Lebens in Nazareth, aber auch Jahre, in denen Maria mit ihrem

Sohn auf dem Weg war. In denen sie erfahren musste, dass er – genau wie sie – einem größeren Willen, dem Willen Gottes, folgen wollte. Folgen bis hin zu diesem neuen Wendepunkt, auch im Leben Marias, von dem ihr der betagte Simeon einst prophezeit hat: Dir aber wird ein Schwert durch die Seele dringen. Ihr Sohn Jesus, angenagelt wie ein Verbrecher am Kreuz. Und die Größenverhältnisse haben sich auf dieser Ikone umgekehrt. Übergroß hängt er da. Und sie, die Mutter, steht unter seinem Kreuz, so klein, so zerbrechlich und zart, als wäre sie nun das Kind. Ihr Gesicht hat sie erhoben, ihre Hände hat sie nach oben ausgestreckt, sie berührt seine Seite: Ach Kind, was hat man dir getan?
Wie konnte das geschehen?

Das Schlimmste im Leben einer Mutter, das sagt meine Mutter, das sage ich als Mutter, das würden wohl auch Sie als Mütter sagen, ist, wenn eine Mutter das Sterben ihres eigenen Kindes miterleben muss. Maria hatte dieses Schlimmste durchzustehen. Und durchstehen ist das richtige Wort. Maria flieht nicht. Sie bleibt im Leiden ihres Sohnes dabei. Sie steht unter seinem Kreuz. Und die Frauen, die damals beim Kreuz blieben, waren sehr mutig. Als Anhängerinnen eines zu Tode Verurteilten mussten sie das gleiche Schicksal befürchten, wenn sie sich so öffentlich zu ihm bekannten unter den argwöhnischen Augen der Soldaten.

Oft glauben wir, dass uns das Unrecht, die Gewalt, das Leiden und Sterben von Menschen hilflos und ohnmächtig machen. Es bleibt uns aber eine Möglichkeit, die Maria uns zeigt, als sie unter dem Kreuz steht. Wir können bei den Leidenden bleiben. Wir können versuchen auszuhalten mit ihnen, was unerträglich scheint, um es erträglicher zu machen. Geteiltes Leid ist halbes Leid, wir kennen diesen Spruch, der so leicht dahergesagt ist. Und wie schwer ist es für uns hinzugehen, wenn wir hören, dass da in unserem Bekanntenkreis plötzlich jemand von seiner Krebserkrankung erfahren hat. Wie schwer ist es, einem trauernden Menschen nicht auszuweichen, dem ein lieber Partner verstorben ist. Wie schwer ist es dabeizubleiben und die Hand eines Sterbenden zu halten. Maria tut es. Viele Bilder und Statuen zeigen sie als Pieta, als Schmerzensmutter mit ihrem erwachsenen, toten Sohn im Schoß. Sie, die damals das Leben der Welt im Schoß trug, trägt nun in demselben Schoß das ganze Leid der Welt.

Diese Maria, die in den Kirchen oft hinten, in dunklen Nischen ihren Platz gefunden hat, wird mit den Jahren bedeutsamer für mich. Es sind die Jahre, in denen die Kinder und die Sorgen größer werden, Jahre, in denen mir immer deutlicher wird, wie verletzlich und zerbrechlich unser Leben ist. Ich möchte es durchstehen können wie Maria, dabeibleiben, nicht flüchten, Mit-leid haben können. Es ist ein Mit-leid, das Licht in dunkelste Nächte bringen kann wie Tausende kleiner Kerzen vor einer Pieta.

Diese Hoffnungslichter führen uns zum dritten und letzten Bild. Nicht weit von der Kreuzesikone hängt in der Kirche von Taizé die Auferstehungsikone. Kreuz und Auferstehung sollten wir immer zusammensehen können. Und auch auf diesem Bild hat Maria einen wichtigen Platz. Sie kniet neben dem offenen Grab, in dem alle Leidenswerkzeuge zurückbleiben und die Balken des Kreuzes die Form einer Wiege bilden. Es ist die Stunde einer neuen Geburt, eines ewigen Lebens. Jesus, hoch aufgerichtet, in einem lichten Gewand, das wie ein windbewegter Flügel nach oben zum Himmel zeigt. Maria kniet. Sie kniet am Boden, immer noch nahe bei ihrem auferstandenen Sohn, aber auch nahe bei der Erde. Ihr Gewand ist rot und erinnert damit an die Liebe, aus der alles Leben kommt, und an das Blut der Erde. Es ist, als wollte sie auch die blutigen Ereignisse nicht vergessen und mit hineinnehmen lassen in diese Aufwärtsbewegung und Verwandlung. Maria kniet und bleibt dieser Erde verbunden, bleibt uns verbunden und nah. Und so scheint sie die wichtigste Person in einer Ansammlung von Menschen mit Heiligenschein zu sein, die um ihren auferstandenen Sohn auf dieser Ikone gruppiert sind. Und das erinnert mich an ein anderes Geschehen, von dem die Apostelgeschichte erzählt.

Nachdem Jesus vor ihren Augen verschwunden war, und das entspricht wohl auch unserer Situation heute, blieben die Jünger, die Frauen und unter ihnen Maria gemeinsam in Jerusalem versammelt, um auf den Beistand zu warten, den Jesus ihnen verheißen hat. Maria mitten unter ihnen. Wie schon bei der Ankündigung der Geburt Jesu kam der Geist Gottes auf sie herab, auf alle, die in seinem Namen versammelt waren. Es war die Geburtsstunde der Kirche. Und Maria, deren leuchtend rotes Gewand auch für das Feuer des Heiligen Geistes steht, wird für mich zu einer Frau, die Gemeinschaft stiftet. Gemeinschaft im Glauben und Beten, eine Frau die Zusammenhalt schaffen kann. Ein Sinnbild für die entstehende Kirche, unsere Mutter Kirche, ein Raum des Heiligen Geistes.

Und ich sehe es, wo immer ich Frauen in unseren Gemeinden erlebe, die diese ihre gemeinschaftsstiftende Kraft einsetzen, in ihren Familien, in der Nachbarschaft, in kleinen oder größeren Gruppen, im Gebet, im Gottesdienst. Frauen, die den Zusammenhalt dieser Kirche bilden, die den Glauben weitergeben wollen an die Kinder und die kommenden Generationen. Ich will mich zum Schluss kurz fassen.

Maria auf drei Ikonen der Versöhnungskirche von Taizé. Es geht nicht darum sie anzubeten, aber wir sind eingeladen, sie immer wieder einmal anzuschauen als eine von uns. Wir sind eingeladen, in ihren Wesenszügen auch uns zu entdecken. Uns selbst zu entdecken, nicht äußerlich wie auf einem Kinderfoto, sondern innerlich. Maria in drei Bildern, die uns ein dreifaches Ja zum Willen Gottes in unserem Leben schenken kann:
Ein Ja zum Leben, zur Geburt des göttlichen Kindes in uns.
Ein Ja, das schwerste Stunden durchsteht, mitleidet, verwandelt.
Ein Ja, das wieder neu Gemeinschaft stiftet, die vom Geist Gottes erfüllt ist. Wenn es dich nicht gäbe, Maria ...

Katharina Barth-Duran, Ökumenischer Predigtpreis des deutschen Frauenbundes 2008 zum Thema »Maria«

Meditationen

Aufbewahrungsorte – Impuls zu Weihnachten

»Maria aber bewahrte alles, was geschehen war, in ihrem Herzen und dachte darüber nach.« (Lk 2,19)

Wir fotografieren und filmen,
schreiben Nachrichten und Mails,
manchmal noch Briefe und Postkarten,
um mitzuteilen, was gerade geschieht.
Im Keller verstauben die alten Alben,
ganz hinten im Regal die Dias von früher,
und die Super-Acht-Spulen in grauen Schachteln,
auf denen man sehen kann, wie Opa laufen lernte.
Es gibt noch das Bündel Briefe früherer Generationen,
der Schriftkontakt in der Verlobungszeit der Großeltern –
sogar eine Feldpost ist dabei vom Urgroßvater
und verblichene Fotos in Schwarz-Weiß mit gezacktem Rand.
Bewegende Begebenheiten, eindrucksvolle Erlebnisse,
wichtige Worte – die irgendwann hin und her gingen,
das Leben von Menschen prägten, ihm Farbe gaben,
Gefühle wachriefen und Entscheidungen beeinflussten.
Maria, du hast den besten Aufbewahrungsort gewählt,
geschützt vor Umwelteinflüssen und Lagerungsschäden,
keine Staubschicht wird sie bedecken, kein Gras wachsen
über deiner Geschichte mit Gott, der Mensch wurde mit deiner Hilfe.
Er will auch mit meiner Hilfe zur Welt kommen,
mit deiner, seiner, Ihrer, aller – mithilfe eines jeden von uns
und dazu ist es unverzichtbar, sein Wort zu hören,
zu bewahren und zu bedenken, damit es wächst und lebendig wird.

Regina Groot Bramel

Die Madonna im Freiburger Münster – Meditation

Ummantele mich golden
mit deinem Erbarmen
du große Frau.
Leg auch mir den Sichelmond unter die Füße
eine Barke über das tiefe Wasser weit
zum Ufer.
In meine Hand als Zepter
das niemals welkt
gib mir die Rose.
Schenk mir dein Lächeln einzig
das selbstvergessen
die schwere Krone unschätzbar im Wert
zu tragen vermag.
Vor allem aber das Kind
leg mir das Kind ans Herz
das mich hält
in meinem Arm ganz nah.
Lass es
mein Herzschlag werden
das Kind
zu meinem Leben
für immer.

Katharina Barth-Duran

Maiandacht – Meditation

maria
die rose
besungen
ohne dornen
den tränenbecher
in den händen
das herz
geleert
bis auf die haut
erst, wie soll das geschehen
dann

ja gesagt

Ute Elisabeth Mordhorst

Gedanken einer Mutter – Meditation

Mein Kind
wie du mir am Herzen liegst
mein eigenes Fleisch und Blut kann mir nicht näher sein
ich finde mich in dir so fein und zart
und so zerbrechlich mein Kleines
ich will dir Trank und Speise sein

Alles würde ich geben für dich
mein Bestes mein Leben
mein Wachen und meinen Schlaf
mein Fühlen und Denken
meine Hand die dich hält beim ersten deiner Schritte

Ich will dich wachsen sehen und groß werden
und fröhlich und stark mein Kind
Niemand
soll dir etwas zuleide tun
wie eine Löwin werde ich kämpfen um dich zu beschützen

Und dann mein Kind
hab ich dich wachsen sehn und stark werden und schön
doch ich gestehe
bei aller Liebe
es war nicht möglich dich zu bewahren

Ich musste dich lassen
überlassen dem Leben
überlassen dem Widerstand und den Angriffen
überlassen dem Schmerz und der Sehnsucht
Hab dich nicht bewahren können mein Kind
verzeih

Selbst vor dem Sterben werd ich einst
dich nicht bewahren können mein Kind
auch nicht mein Herz das blutet

Was ich dir geben will mein Kind
immer noch immer wieder
ist diese unsägliche
Hoffnung
um die ich ringen werde
bis zu meinem letzten Atemzug
will sie hineinlegen in mein Sterben
hineinlegen in meinen Tod
diese unsägliche Hoffnung für dich
mein Kind

Katharina Barth-Duran

Selbstverständlich halte ich dieses Kind – Meditation

Selbstverständlich
halte ich dieses große Kind
mit seinem schweren Schicksal in meinen Armen
und auf meinem Schoß
weil es das meine ist
Wie könnte ich es lassen?
Und die Krone so schwer
dass sie nur diejenige
zu tragen vermag
die in völliger Selbstvergessenheit ihres Glanzes lebt
ist es eine goldene Krone
oder eine Krone aus Dornen
wer weiß das schon?

Manchmal erübrigen sich alle Fragen
und es gilt nur auszuhalten durchzustehen
um dort anzukommen wo es keine Fragen
keine Lasten und keine Kronen mehr gibt
in deinen Armen

Katharina Barth-Duran

Maria – Frau an unserer Seite

Eine Einladung, unseren würdigen Platz als Frauen einzunehmen

»Die Kirche hat keinerlei Vollmacht, Frauen die Priesterweihe zu spenden«, mit dieser Aussage hat Papst Johannes Paul II. im Jahr 1994 ein für alle Mal klarstellen wollen, dass es in der katholischen Kirche niemals Frauen im Priesteramt geben wird. Begründet wird diese fehlende Vollmacht mit der Männlichkeit der Apostel. Auch wenn diese nie jemand geweiht hat. Jedenfalls will diese Aussage zeigen, dass sich handfeste Ämter und Zuständigkeiten in der Institution Kirche aus dem Evangelium ableiten lassen. Dann darf aber doch die Frage erlaubt sein, welche Vollmacht der Kirche durch die Tatsache der Weiblichkeit der Mutter Gottes erteilt wurde. Der Mensch, der Jesus in diese Welt hineingeboren hat, war eine Frau. Die Menschen, die Jesus bis unter das Kreuz gefolgt sind, waren Frauen. Die ersten Menschen, die von der Auferstehung erfuhren und die diese Botschaft den Männern überbrachten, waren Frauen. Man sollte meinen, dass sich aus diesen Tatsachen großartige Ämter in der Institution Kirche ableiten ließen.

Es ist anders gekommen. Und darum suchen Frauen seit Anbeginn der Kirche nach ihrem Platz, nach ihren Möglichkeiten, ihrer Berufung nachzukommen. Sie haben keine Ämter dafür. Sie haben keine Macht innerhalb der Machtstrukturen. Sie haben nicht einmal eine Sprache, in der sie beim Namen genannt werden. Sie haben nichts als ihr Frausein. Genau wie Maria. Und genau darum hat Gott sie ausgewählt, um durch ihr JA in dieser Welt Mensch zu werden. Weil sie keine Macht hatte. Weil sie kein Amt hatte. Weil sie einfach nur Frau war. Einfach nur Mensch. Einfach.

Dieses Kapitel schaut auf Maria als Frau, auf starke Frauen und die Stärke der Frauen im Glauben und in der Kirche – aber auch auf ihr Suchen, ihre Nöte, ihren Kampf. Die Gottesdienste, Predigten und Texte sollen Frauen ermutigen, sich aus dem heraus, was sie sind, ihren würdigen und angemessenen Platz im Leben der Kirche und in der Verkündigung des Glaubens zu suchen.

Gottesdienste

Maria von Magdala, erste Apostolin – Gottesdienst zu Ostern

Vorbereitung: *Stuhlkreis*
Material: *orientalische Musik, CD-Player, eine Egli-Figur (Frau), rotes Tuch, weißes Tuch, Lippenstift, Spiegel, High Heels, Räucherstäbchen, Tuch mit Glitter, Fesseln, Stein, Laufschuhe, Taschentuch, Teelichter, Fragezeichen, JA, Megafon, Kerze, Bibel, Textkarte, Troubadour für Gott oder Liedblatt.*

Lied: »Gehet nicht auf in den Sorgen dieser Welt« (Troubadour Nr.137)

Begrüßung und liturgische Eröffnung

Eröffnungsgebet

Allmächtiger, ewiger Gott,
heute feiern wir die Auferstehung deines Sohnes, Jesus Christus.
Du hast ihn nicht dem Tod überlassen.
Das Leben hat gesiegt.
Hilf uns, dass auch wir die Dunkelheiten unseres Lebens besiegen
und im Licht des Lebens wandeln können.
Darum bitten wir durch Jesus Christus.
Amen.

Orientalische Musik

Hinführung zum Thema
Wir sind hier in der Kirche und hören orientalische Musik,
ist uns das vertraut? Wie geht es uns damit?
Vermutete Antworten: fremd, ungewohnt, das passt nicht,
da stimmt etwas nicht ...

Wir stellen euch heute eine Frau aus der Bibel vor, auf die all das passt. Die aber vor allem bis heute mit vielen Vorurteilen zu kämpfen hat: Maria von Magdala, manchmal wird sie auch Maria Magdalena genannt.

Egli-Figur in die Mitte stellen

Augustinus bezeichnete sie als »Apostolin der Apostel«. Sie ist bis heute eine der bedeutendsten Frauengestalten des Neuen Testamentes. Lukas berichtet (Lk 8,2), dass sie von sieben Dämonen besessen war und von Jesus geheilt wurde. Das deutet wohl auf eine Geisteskrankheit hin, vielleicht war sie manisch-depressiv oder hatte epileptische Anfälle. Als ehemalige Geisteskranke, als ehemalige »Irre« zieht sie mit Jesus durchs Land. Das ist für manche Menschen schon Grund genug, sie kritisch zu betrachten. Dazu kommt noch, dass sie in späteren Berichten, nicht in den Evangelien, mit der »Sünderin«, die Jesus die Füße salbt, zusammengebracht wird. Wenn auch die Frau mit dem Salböl eine andere war, schwingt diese Erzählung doch immer mit, wenn von Maria aus Magdala gesprochen wird. Schauen wir uns heute diese zwei Seiten einer Frau an.

Rollenspiel

Zwei Frauen, sie legen die entsprechenden Symbole ab, währenddessen läuft wieder orientalische Musik:

1. So eine ist das! (legt ein rotes Tuch zur Figur)
2. Schminkt sich! (Lippenstift)
1. Putzt sich heraus! (Spiegel)
2. Muss immer auffallen! (rote High Heels)
1. Die ist doch nicht ganz richtig im Kopf! (Räucherstäbchen)
2. Wie die sich schon anzieht! (Tuch mit Glitter oder Glöckchen)

Beide: So eine ist das!

Hinführung zum Bibeltext

Ja, so oder so ähnlich wird sie manchmal dargestellt. Nun wollen wir hören, was über Maria von Magdala im heutigen Evangelium zu hören ist.

Bibeltext: Joh 20,1–18

Rollenspiel

Wieder die beiden Frauen von vorhin, wieder legen sie die entsprechenden Symbole ab.
1. Die ist aber mutig, geht am frühen Morgen zum Grab. (legt weißes Tuch auf die andere Seite der Egli-Figur)
2. Wenn sie erwischt worden wäre. Das hätte sie mit Gefängnis oder gar ihrem Tod bezahlt. (Fesseln)
1. Der Stein ist weg, das Grab ist leer. (Stein)
2. Sie kann es nicht begreifen, sie rennt zu den Jüngern. (Laufschuhe)
1. Sie bleibt am Grab, sie ist traurig, sie weint. (Taschentuch)
2. Sie will es genau wissen, sie fragt nach, sie gibt nicht auf. (Fragezeichen)
1. An der Stimme erkennt sie ihn, ihre Augen leuchten. (Teelicht)
2. Rabbuni, Meister, du bist es. (Kerze)
1. Ja, ich will es allen sagen. (JA)
2. Am liebsten möchte ich es allen zurufen. (Megafon)
Beide laut: Ich habe den Herrn gesehen!

Lied: »Hallelu, Hallelu, ...« (Troubadour Nr.37)

Auslegung

Maria von Magdala ist eine der bekanntesten Frauengestalten des Neuen Testamentes. In der ursprünglichen Jesusbewegung hat sie eine führende Rolle gespielt, die allerdings in der späteren kirchengeschichtlichen Tradition immer mehr zurückgedrängt und verschleiert wurde. Aus der »ersten Apostolin« wurde die »große Sünderin«. Wir haben heute im Rollenspiel diese beiden Sichtweisen aufgegriffen, obwohl die zweite sich biblisch nicht belegen lässt. Maria von Magdala ist nicht die Sünderin, die Jesus die Füße salbt. Dennoch, in vielen Darstellungen und Erzählungen werden diese beiden Frauengestalten zusammengebracht. Sie wird zur großen Sünderin, die nach ihrer Begegnung mit Jesus bekehrt wurde und ihm nun nachfolgt. Übrigens, warum gibt es eigentlich keinen großen Sünder? Es sind immer die Frauen. Die reden viel, die schwätzen den ganzen Tag, was kann man denen schon glauben. So eine ist das also.

Die Frauen ... Es sind nun allerdings auch die Frauen, die unter dem Kreuz stehen. Das war schon gefährlich genug. Das sahen die Römer nicht gerne. Denn wenn ein Aufrührer, der Jesus für die Römer nun mal war, gekreuzigt wurde, durften Angehörige und Freunde nicht in der Nähe sein. Die könnten die gleiche Gesinnung haben wie der Verurteilte. Das war lebensgefährlich. Das Gleiche gilt für den Besuch am Grab. Wer sich dort versammelt, plant vielleicht Vergeltung, plant vielleicht einen Aufstand. Wenn die Verurteilten denn überhaupt begraben wurden, dann wurden diese Gräber bewacht. Und jeder, der sich näherte, war ein verdächtiger Rebell.

Die Frauen trauten sich, sie gingen zum Grab um dem Toten die letzte Ehre zu erweisen. Es war zwar auch für sie gefährlich genug, aber vielleicht wirklich nicht ganz so gefährlich wie für die Männer. Unter den Frauen ist Maria von Magdala. Im Johannesevangelium ist es nur sie. Sie entdeckt das leere Grab. Hat man ihn versteckt, woanders hingebracht. Sofort berichtet sie Petrus diese Neuigkeit. Petrus und der andere Jünger, der bei ihm war, sind jetzt nicht mehr zu halten. Sie müssen sehen, ob das stimmt, was diese Frau

sagt. Sie sehen und glauben, heißt es im Evangelium. Dann gehen sie wieder nach Hause.
Maria aber bleibt. Sie weint, sie trauert, sie will wissen, was geschehen ist. Wohin hast du ihn gebracht, fragt sie den vermeintlichen Gärtner. Sie will ihn wieder holen, sie will sich kümmern. »Maria«, sagt Jesus, er spricht sie mit ihrem Namen an, er meint sie ganz persönlich. So erkennt sie ihn an seiner Stimme.
Einer Frau gibt sich Jesus als Erstes zu erkennen. Ihr gibt er den Auftrag, den Jüngern diese Nachricht zu bringen. Ist das nicht ein großes Risiko? Wer glaubt schon einer Frau? Maria von Magdala geht zu den Jüngern, voller Freude, voller Begeisterung: Ich habe den Herrn gesehen! Und sie erzählt ihnen alles, was er ihr aufgetragen hat.
Wir erfahren nicht, ob sich die Jünger von ihrer Begeisterung haben anstecken lassen. Die zahlreichen Berichte, in denen der Auferstandene die Jünger immer wieder von der Wahrheit jener ersten Botschaft der Maria überzeugen muss, lassen aber vermuten, dass die Männer damals ein Problem damit hatten. Ausgerechnet einer Frau sollten sie diese unglaubliche Botschaft glauben müssen.
Maria von Magdala hat nicht aufgegeben. Damals nicht und heute nicht. Auch heute ruft sie uns zu: Ich habe den Herrn gesehen, er lebt! – Lassen wir uns anstecken von dieser Begeisterung.

Lied: »Hallelu, Hallelu, ...« (Troubadour Nr.37)

Tanz
Hier kann evtl. ein Tanz, der die Freude ausdrückt, angeboten werden.

Fürbitten

Jesus Christus sagte zu Maria von Magdala: »Ich gehe hinauf zu meinem und zu eurem Vater.« Und dennoch ist er alle Tage mitten unter uns. Zu ihm kommen wir mit unseren Sorgen.

Auch heute gibt es noch viele Vorurteile:
Uns Frauen wird bis heute so manches nicht zugetraut.
Menschen, die ein anderes Aussehen haben als wir Mitteleuropäer, wird oft misstraut.
Gerüchte, »Vom Hörensagen weiß ich, wie die ist«, oder »Was kann aus diesem Stadtteil, aus dieser Familie schon Gutes kommen«, gibt es leider immer wieder.
Manchmal sagen wir etwas leichtfertig dahin, ohne die Folgen zu bedenken.
Frauen sprechen ihre Sorgen aus, benennen Situationen oder die Namen von Menschen, für die sie beten wollen.
Jesus Christus, du hast uns gezeigt, wie wir leben können, darum:
Wollen wir es wagen, das Unglaubliche zu glauben?
Wollen wir nicht aufgeben und wollen Christsein leben?
Wollen wir es wagen, unsere Nächste und unseren Nächsten zu lieben?
Wollen wir verkünden: »Jesus Christus ist auferstanden«?
Frauen ergänzen.

Vaterunser

Impuls
Manchmal wünsche ich mir, ich wäre dabei gewesen.
Manchmal wünsche ich mir, ich hätte den Engel im Grab auch gesehen.
Manchmal wünsche ich mir, ich wäre Jesus auch begegnet.
Manchmal wünsche ich mir, ich hätte seine Stimme gehört.
Ja, ich möchte glauben, glauben wie Maria von Magdala.
Ja, ich möchte es verkünden.
Ja, ich möchte jubeln vor Freude.
Der Meister lebt.
Er ist wirklich auferstanden.
Wie Maria von Magdala will ich rufen:
Ich habe den Herrn gesehen – er lebt!

Am Ende des Gottesdienstes erhält jede Frau diesen Text.

Segensgebet

Guter Gott,
du hast deinen Sohn nicht dem Tod überlassen.
Du hast ihn zu neuem Leben auferweckt.
Maria von Magdala verkündet uns die Frohe Botschaft:
Ich habe den Herrn gesehen, er lebt.
Du schenkst auch uns die Hoffnung auf ein Leben bei dir.
So segne uns Gott, der du Vater und Mutter für uns bist,
durch deinen Sohn, im Heiligen Geist. Amen.

Lied: »Gehet nicht auf in den Sorgen dieser Welt« (Troubadour Nr.137)

Johanna Niklaus

Geisttaube – Gottesdienstelemente zu einer Pfingstaktion

Vorbereiten: *Geisttauben, Kopie des Bildes »Dreifaltigkeit« (siehe Downloadmaterialien zu diesem Buch)*
Lesungen: *Joel 3,1–5/Apg 8,19,1b-6a + Joh 20,19–23*

Begrüßung

Guten Morgen! Ich begrüße Sie zu diesem Gottesdienst am Pfingstmontag. Da es in der Ansprache nicht um die beiden heutigen Lesungstexte gehen wird, möchte ich Ihnen schon jetzt an diese Stelle eine kleine »Hörhilfe« für den 1. Lesungstext aus dem Buch Joel und für den 2. Lesungstext aus der Apostelgeschichte geben. In der 1. Lesung erzählt der Prophet Joel vom Ausgießen des Heiligen Geistes. Achten Sie doch bitte darauf, an wen Gott seinen Geist ausgießen will. Denn Gott macht dabei keine Unterscheidung zwischen Männern und Frauen! Er gießt seinen Geist aus über Söhne und Töchter, Knechte oder Mägde!

Und in der 2. Lesung aus der Apostelgeschichte erfahren wir, dass Gott seinen Geist auf Menschen herabkommen lässt, die noch nicht einmal gehört haben, dass es diesen Heiligen Geist überhaupt gibt!
Aus heutiger Sicht könnte man fast sagen, dass Gott etwas verschwenderisch mit seinem Geist umgeht. Aber das wäre natürlich die falsche Sicht. Denn Gott ist der Geber des Geistes. Und wir sollten umgekehrt gucken, wie er es gewollt hat, und unsere Vorstellungen an die seinen anpassen! Denn Gottes Geist weht in der Tat dort, wo er es will, und nicht immer da, wo wir es gerne hätten oder vielleicht erwarten würden.
Begrüßen wir diesen uns immer wieder überraschenden Gott im Kyrie in unserer Mitte:
Herr, erbarme dich. Christus, erbarme dich. Herr, erbarme dich.

Predigt

Schwestern und Brüder im Glauben,
sind Ihnen beim Hereinkommen in die Kirche die Tauben auf dem Bürgersteig aufgefallen? Das ist eine Pfingstaktion der »Kirchenreformgruppe Maria 2.0«.
Mir gefallen diese Tauben. Denn sie weisen auf zwei biblische Elemente hin, von denen zumindest das eine uns noch sehr geläufig ist. Was die meisten von uns kennen, ist die Überlieferung, dass die Taube oft als Bild, als Symbol für den Heiligen Geist steht. Wir finden dieses Bild zum Beispiel im Markusevangelium bei der Taufe Jesu durch Johannes im Jordan. Dort heißt es: (MK 1,10) »Und sogleich, wie er aus dem Wasser stieg, sah er, dass der Himmel aufriss und der Geist wie eine Taube auf ihn herabkam.«
Das zweite Element biblischen Ursprungs, das kennt fast keiner mehr. Aber das Frauenzeichen im Schnabel der Taube darauf weist hin. Was hat es mit dem Frauenzeichen im Schnabel auf sich?
Dazu muss ich etwas ausholen ... Das Wort »Geist« ,wie es im Alten Testament öfter vorkommt, ist eine deutsche Übersetzung des hebräischen Wortes »RUACH«.

Wenn im AT vom Geist Gottes die Rede ist, z. B. im Buch Genesis (Gen 1,1) »und der Geist schwebte über dem Wasser«, so steht dort im hebräischen Urtext das Wort »RUACH«. Im Hebräischen ist dieses Wort weiblich! Und das ist wohl kein Zufall. Sondern damit wurde wohl von Anfang an an die weibliche Seite Gottes erinnert. Das Alte Testament hat generell wenig Probleme damit, auch die mütterliche Seite Gottes durch entsprechende Bilder zu betonen. Schade, dass im Deutschen das Wort »RUACH« mit Geist übersetzt wurde. Denn das Wort Geist hat einen männlichen Artikel. Damit ging leider die weibliche Komponente Gottes völlig verloren. Manche Exegeten als Ausleger der Bibel übersetzen deshalb »RUACH« auch lieber als die »Geistkraft« Gottes, um so den weiblichen Anteil wieder besser erkennbar zu machen.
Gleichzeitig wird mit dieser Übersetzung auch das kraftvolle Wirken dieser Geistkraft besser zum Ausdruck gebracht! Denn es ist ja in der Tat eine absolut schöpferische, kreative, machtvolle Kraft Gottes, die dort über den Wassern schwebt und die Welt entstehen lässt.
Für uns bleibt es festzuhalten, dass die Benennung der dritten Person Gottes als »die Kraft aus der Höhe«, als »die Geistkraft« und der damit verbundene weiblichen Anteil Gottes in der Trinität keine neuzeitliche Erfindung ist! Die Einbeziehung der weiblichen Seite Gottes in der Trinität durch die Bezeichnung als die Heilige Geistkraft ist vielmehr eine Rückbesinnung auf den biblischen Ursprung.
Und ich finde, es ist eine sehr schlüssige Rückbesinnung. Bei Gott = dem Vater und Jesus = dem Kind ... Da muss einem die fehlende Weiblichkeit zur Abrundung eines vollständigen Gottesbildes ja geradezu ins Auge springen!
Und auch das ist wiederum keine neuzeitliche Idee! In der Kirche St. Jakobus in Urschalling am Chiemsee findet sich ein Fresko aus dem 14. Jahrhundert, das genau dieses Gottes-Bild aufgreift und darstellt. Sie haben eine Kopie dieses Bildes am Eingang mitnehmen können! Hier wird die Heiligste Dreifaltigkeit Gottes als »Sohn, Frau und Gott Vater« dargestellt. Gott in Dreifaltigkeit: drei Personen, aber eines Wesens mit dem Vater! Bei genauerem Hinsehen erkennt man, dass sich die drei Heiligenscheine durch die drei

roten Teilstücke zu einem einzigen Heiligenschein ergänzen lassen. Außerdem haben die Drei zusammen nur zwei gemeinsame Hände. Und sie teilen sich auch das gemeinsame Unterkleid und den Mantel. Das macht deutlich, dass es sich hier bei der dargestellten Frau nicht um Maria handeln kann. Denn trotz ihrer großen Bedeutung in der Heilsgeschichte hat kein ernsthafter Theologe sie jemals zu einer der drei göttlichen Personen gezählt. Maria behielt immer ihre Weltlichkeit. Sie blieb immer auf der Seite der Menschen.

Und deshalb gefallen mir die mit Kreide gesprühten Geisttauben auch so gut zum heutigen Pfingstmontag. Pfingsten – Pentekoste – 50 Tage nach Ostern. Wir erinnern uns daran, wie Jesus vor seiner Rückkehr zum Vater seinen Freundinnen und Freunden einen besonderen Beistand, eine besondere Kraft aus der Höhe versprochen hatte (Lk 24,49b). Jetzt hat Jesus dieses Versprechen tatsächlich eingelöst. Und wie er es eingelöst hat!

Während im AT bei Elia der Vorübergang des Herrn, also das Vorbeigehen Gottes, noch als Säuseln im Wind beschrieben wurde ... oder wie es im ersten Buch der Könige heißt: (1 Kön 19,12) »Gott ist nicht im Sturm und im Feuer, sondern im sanften, leisen Säuseln«, so sieht es jetzt beim Kommen der Geistkraft Gottes in diese Welt doch ganz anders aus! Da lesen wir in der Apostelgeschichte (Apg 2,12a): »Da kam plötzlich vom Himmel her ein Brausen, wie wenn ein heftiger Sturm daher fährt, und erfüllte das ganze Haus, in dem sie saßen. Und es erschienen ihnen Zungen wie von Feuer, die sich verteilten.«

Die Geistkraft Gottes ist kein leises Säuseln. Hier ist sie kein laues Windchen mehr! Sie ist laut und kraftvoll! Und das muss sie auch sein, denn sie muss eine äußerst zähe Masse in Bewegung setzen! Damals waren das die ängstlichen, verunsicherten Jüngerinnen und Jüngern. Und heute sind wir das, die ängstlichen, verunsicherten Christinnen und Christen. In der katholischen Kirche ist vieles in Bewegung geraten. Es bleibt zu wünschen und zu hoffen, dass es die Heilige Geistkraft Gottes ist, die hier die Kirche aufmischt!

In den Zehn Geboten erinnert uns Gott daran, dass wir uns von ihm kein Bild machen sollen. Und das ist ja auch richtig! Mit unserem menschlichen Denken werden wir Gottes Wirklichkeit niemals ganz erfassen können. Jeder Versuch, Gott in ein festes Bild zu pressen, ist zum Scheitern verurteilt! Aber weil es für uns Menschen einfacher ist, eine Beziehung aufzubauen, eine Beziehung zu pflegen, wenn wir uns unser Gegenüber vorstellen können, wird Gott nichts dagegen haben, wenn wir das Bild seiner Dreifaltigkeit aus Urschalling als eine Art Arbeitshypothese für unser Beten nutzen.
Nehmen Sie sich deshalb gerne ein Bild dieser Heiligsten Dreifaltigkeit mit nach Hause. Und versuchen wir weiterhin, uns auf unseren Wegen von Gottes Heiliger Geistkraft führen zu lassen! Die Geisttauben können uns bis zum nächsten Regenschauer daran erinnern! Amen.

Fürbitten

Guter und barmherziger Gott, wir erbitten die Heilige Geistkraft Gottes für alle Menschen, die Deine Nähe und Deine Unterstützung in besonderer Weise brauchen. Beantworten wir jede Bitte mit dem Satz: Atem Gottes komm!

Für die Menschen, die ihr Tun immer wieder neu reflektieren und sich in ihrem Handeln von der Geistkraft Gottes leiten lassen.

Für die Menschen, die trotz aller Widerstände daran arbeiten, unsere Kirche in Geiste Gottes lebendig zu halten.

Für die Menschen, die sich nicht entmutigen lassen und sich immer wieder aufs Neue für den Frieden in der Welt einsetzen.

Für die Menschen, die an diesem Pfingstfest getauft oder gefirmt wurden.

Für die Menschen, die wie Christus bereits heim zum Vater gegangen sind.

Beten wir auch in unseren eigenen Anliegen. Amen.

Bettina Ickstadt

Warum wird Gott geboren? – Gottesdienst zu Mariä Empfängnis

Vorbereitung: *Krippenszene nachbauen, zwei junge Mütter für die Statements*

Begrüßung und liturgische Eröffnung

Lied: Behutsam leise nimmst du fort (Gotteslob Eigenteil)

Einführung ins Thema

Heute schauen wir im Gottesdienst auf eine etwas ungewöhnliche Krippendarstellung. Sie ist einer Weihnachtskrippe der Freiburger Künstlerin Carola Faller-Barris nachempfunden. Sie hat zwei Feldbetten aufgestellt und in der Mitte ein lebensgroßes Neugeborenes in einem Karton. Das Besondere daran: Auf den Feldbetten sind die Decken so aufgedeckt, als ob Maria und Josef gerade für einen kurzen Moment den Ort verlassen haben. Die Künstlerin lädt damit uns Betrachtende dazu ein, in die Rolle der Mutter zu schlüpfen und sich um den kleinen Jesus zu kümmern.
In die Rolle der Mutter schlüpfen, die gerade ihr erstes Kind geboren hat? Das fällt mir schwer. Glücklicherweise haben sich NN und NN bereit erklärt, von ihren Erfahrungen des Mutterseins zu erzählen. Beide sind junge Mütter.

Stellen wir ihre Erfahrungen der Geburt und des Mutterseins an den Anfang dieses Gottesdienstes zu Mariä Empfängnis. Vielleicht erinnern sich dabei die Mütter unter uns an den Moment ihrer ersten Geburt zurück?

Statements zur Geburt und zum Muttersein

Die Stichworte sind Anregungen, die durch eigene Erfahrungen ergänzt oder ersetzt werden können.

Frau 1

- Zwischen Überforderung und Freude: Gefühlschaos.
- Einerseits Freude und Liebe zum Kind und andererseits: Schaffe ich das überhaupt alles?
- Es ist völlig anders als vorgestellt (Wochenbettdepressionen)
- Es braucht Vertrauen: Andere haben es auch schon geschafft mit dem Muttersein.

Frau 2

- Mit der Geburt kam ein Neuanfang in die Welt, ein wirklich neues einmaliges Leben.
- Feststellen: Mein Kind ist ein völlig eigenes Wesen.
- Es hat eigene und teils auch andere Bedürfnisse als ich. Ich muss erstmal verstehen lernen, wer es ist bzw. welche Bedürfnisse das Kind hat.

Frau 1

- Andocken an das eigene Urvertrauen braucht immer auch den Satz: Du schaffst es!
- Die Erinnerung an die eigenen Ressourcen: ähnlich wie der Engel: Fürchte dich nicht!
- Lernen an die Kraft zu glauben, die in mir steckt.
- Dabei ist nichts zu planen: Einfach nur im Moment (über)leben und drauf vertrauen, dass ich spüre, was JETZT dran ist.

Frau 2

- Schmerz als innere Kraft
- Wehen als größter Liebesbeweis
- Wehe gehört zum Prozess, es ist kein böser Wille
- Neues Leben kommt durch Schmerz in die Welt:
  An der Schwelle von Leben und Tod.

Lied: Mit dir, Maria, singen wir (Gotteslob Eigenteil)

Gebet: Magnifikat als Wechselgebet
Anworten wir auf das Gehörte mit biblischen Worten, die Maria in den Mund gelegt wurden. In den Blick rückt sie dabei, dass Gott die Herabsetzung der Frauen beendet und dass des Gebärens und Geborenwerdens gedacht wird. Das hebräische Wort für Barmherzigkeit heißt übrigens auch Gebärmutter.

Meine Seele lobt Gott,
und mein Geist jubelt über Gott, meine Rettung,
Gott hat auf die Herabsetzung seiner Sklavin geschaut.
Seht, von nun an werden mich selig preisen alle Geschlechter,
denn Großes hat die göttliche Macht an mir getan
und heilig ist ihr Name,
und ihr Mitgefühl schenkt sie Generation auf Generation denen,
die Ehrfurcht vor ihr haben.
Sie hat Gewaltiges mit ihrem Amt bewirkt;
sie hat die auseinandergetrieben,
die ihr Herz darauf gerichtet haben,
sich über andere zu erheben.
Sie hat die Mächtigen vom Thron gestürzt
und die Erniedrigten erhöht,
Hungernde hat sie reichlich mit Gütem beschenkt
und die Reichen leer weggeschickt.
Sie hat sich Israel, ihres Kindes, angenommen
und sich an ihre Barmherzigkeit erinnert,

wie sie es unseren Vorfahren gesagt hat,
Abraham, Sara, Hagar und ihren Nachkommen für alle Zeit.
(Lk 1,46–55)

Übersetzung von Claudia Janssen, in: Domay, Erhard/Köhler, Hanne (Hg.) der gottesdienst. Liturgische Texte in gerechter Sprache. Band 4: Die Lesungen, Gütersloh 2001, 41.

Lied: Tief im Schoß (GL 419)

Evangelium: Lk 1,26–38 (vom Fest Mariä Empfängnis)
Im sechsten Monat aber wurde der Engel Gabriel von Gott in einen Ort Galiläas gesandt, der Nazareth hieß, zu einer jungen Frau. Diese war verlobt mit einem Mann namens Josef, aus dem Hause Davids. Der Name der jungen Frau war Maria. Als er zu ihr hineinkam, sagte er: »Freue dich, du bist mit Gnade beschenkt, denn die Lebendige ist mit dir!« Sie aber erschrak bei diesem Wort, und sie fragte sich, was es mit diesem Gruß auf sich habe. Der Engel sprach zu ihr Folgendes: »Fürchte dich nicht, Maria, du hast Gnade gefunden bei Gott. Und siehe, du wirst schwanger werden und einen Sohn gebären und du wirst ihm den Namen Jesus geben. Dieser wird groß sein und Kind des Höchsten genannt werden. Gott, die Lebendige, wird ihm den Thron Davids, seines Vorfahren, geben und er wird König sein über das Haus Jakobs in alle Ewigkeiten und seine Herrschaft wird kein Ende nehmen.« Maria aber sagte zum Engel: »Wie soll dies geschehen, da ich von keinem Mann weiß?« Der Engel antwortete ihr: »Die Heilige Geistkraft wird auf dich herabkommen und die Kraft des Höchsten wird dich in ihren Schatten hüllen. Deswegen wird das Heilige, das geboren wird, Kind Gottes genannt werden. Siehe, Elisabeth ist mit dir verwandt: Sie hat in ihrem Alter ein Kind empfangen und dieser Monat ist der sechste für die, die unfruchtbar genannt wurde. Denn alle Dinge sind möglich bei Gott.« Maria sagte: »Siehe, ich bin die Sklavin Gottes. Es soll geschehen, wie du mir gesagt hast.« Der Engel aber ging fort.

Auslegung: Warum wird Gott geboren?

Letzte Woche bin ich Maria zuletzt begegnet. Im Kino. Female Pleasure hieß der Film. Weibliche Lust. Im Dokumentarfilm kommen fünf Frauen aus verschiedenen Kulturkreisen zu Wort, unter anderem eine ehemalige katholische Ordensfrau. Sie erzählt, wie das Bild von Maria als unbefleckter, sündenloser Jungfrau ihr Verhältnis zu ihrem weiblichen Körper verstört hat. Während sie von ihrer Schwierigkeit erzählt, ihre weibliche Lust anzunehmen, werden stereotype Marienbilder eingeblendet: strahlend hell, immer süß lächelnd, jung und schön, gold ummantelt. Sie kamen mir vertraut vor. Und ja: Sie prägten lange Zeit auch mein Bild von Maria und damit zumindest auch unterbewusst mein Ideal von Frau und Mutter und weiblicher Lust oder eher Nicht-Lust.
Vermutlich fällt es auch deshalb vielen Frauen so schwer, sich in die Mutter von Jesus hineinzuversetzen. Das Werk der Künstlerin Carola Faller Baris will ja genau das: Die halb geöffnete Decke auf dem Feldbett lädt dazu ein, selbst in die Mutterrolle zu schlüpfen.
Deshalb habe ich mich mit zwei Frauen unterhalten, die es besser wissen müssen. Beide haben bereits ein Kind geboren. Gerade haben NN und NN uns einen Einblick gegeben. Sie haben während der Geburt eine Energie erfahren, die sie über sich hinauswachsen ließ. Die beiden erzählen auch, wie sie dadurch ein neues Vertrauen in ihren Körper entwickelt haben, ja, wenn man so will: ein Urvertrauen, dass in allem Schmerz und aller Erschöpfung eine Kraft liegt, die leben will. Eine Kraft für Neuanfänge.
So haben auch die Wehen eine neue Bedeutung bekommen: nicht als Strafe für die Schuld Evas: Gemäß dem folgenreichen Fluchwort: »Unter Schmerzen wirst du dein Kind gebären«, nicht Strafe, sondern als Liebeszeichen. Der Schmerz ist brutal. Aber während der Geburt entwickeln Mütter offenbar ein anderes Verhältnis dazu. Bei diesem Gespräch habe ich erahnt: Die Geburt ist ein heiliges Geschehen. Ja, vielleicht muss man sogar so weit gehen, dass die Geburt ein sakraler Ort des Weiblichen ist. Sprechen wir deshalb in unserer Kirche und auch in unserer Gesellschaft so selten

darüber? Die Theologin Ina Praetorius führt die Verdrängung der Geburt auf patriarchale Strukturen zurück. In einer patriachalen Gesellschaft wurde klar getrennt zwischen den höheren »männlichen« geistigen und niederen »weiblichen« körperlichen Sphären: zwischen Kultur und Natur, zwischen Markt und Haushalt, Jenseits und Diesseits, Tod und Geburt.

Doch gerade deshalb ist es doch umso beachtlicher, dass im christlichen Glauben Gott geboren wird. Zumindest der Evangelist Lukas berichtet davon, wie Maria Jesus gebar. Gott kommt durch das Weibliche in die Welt. Das Weibliche, ja die Körperlichkeit wird dadurch gewürdigt. Das bringt mich dazu, näher über das Geborenwerden nachzudenken.

Letztlich verbindet uns ja alle die Tatsache, dass wir geboren worden sind. Wir sind abhängig von Anfang an. Wir kommen aus keinem Nichts, sondern konkret aus dem Leib einer Frau. Wir verdanken uns einer anderen Person. Zur Welt kommen heißt damit auch in Verbindung treten mit etwas, was schon vor uns da war. Wir sind nicht in die Welt geworfen, sondern sind hineingelegt in Beziehungen und Bezüge, die schon vor uns da waren.

Andererseits kommt mit jeder Geburt etwas einmalig Neues in die Welt. Hanna Arendt gibt zu denken: »Dass man in der Welt vertrauen haben kann und für die Welt hoffen kann, ist wohl nirgends schöner ausgedrückt als in dem Satz: Euch ist ein Kind geboren.« Eben darin besteht vermutlich das Wunder der Geburt: Mit jeder Geburt kommt ein Anfang in die Welt. Damit bleibt die Zukunft offen. Denn ich kann nie wissen, wo im nächsten Augenblick irgendwo auf der Welt eine menschliche Anfängerin etwas in die Welt setzen wird, das alles verändert. In jedem Neuanfang steckt damit etwas völlig Unvorhersehbares. NN und NN haben uns einen kleinen Einblick gegeben in die zahllosen Neuanfänge rund um die Geburt: Ich weiß nicht, wie das Kind sich entwickelt. Ich weiß nicht, wie ich in die neue Rolle der Mutter hineinfinde.

Wie könnte sich unser Denken und Handeln ändern, wenn wir uns häufiger daran erinnern, dass wir Geborene sind? Würden wir dann eher verstehen, dass wir die Fähigkeit in uns tragen, Anfän-

ger und Anfängerin zu sein. Dass wir Neues in Bewegung setzen können. Würden wir dann einen anderen Umgang mit dem Unvorhersehbaren finden?
Ich merke: Ich möchte lernen, meiner und Gottes Anfänglichkeit zu vertrauen und eine geburtliche Einstellung täglich einüben. Mit diesem Wunsch lege ich mich auch gern auf das Feldbett. Ich nehme die Rolle der Maria ein. Einer Maria, die ihr Neugeborenes anschaut. Und begreift: Durch mich ist etwas Neues in die Welt gekommen. Ja, in meinem Körper steckt so viel Kraft. Ich habe es geschafft. Zugleich schaue ich auf das Kind und verstehe, dass dieser Neuanfang weiterhin von meiner Fürsorge abhängig bleibt. Ich trage Verantwortung.
Vielleicht denkt Maria auch zurück an den Moment, als sie sich für diese Verantwortung entschieden hat. An ihr bewusstes: Ja, mir geschehe. In so eine Maria möchte ich mich gern hineinversetzen. Eine Maria, die sich ihrer Verantwortung für das Neugeborene bewusst ist. Eine Maria, die um ihre Fähigkeit weiß, Neuanfänge setzen zu können. Denn so eine Maria ist nicht harmlos. So eine Maria verändert. Das haben schon früher Gläubige gewusst: Es gibt durchaus Darstellungen, in denen Maria lesend gemalt wird. Auf dem ausgeteilten Blatt finden Sie ein solches Gemälde: Maria liest, während sie stillt. Maria wird hier als vernunftbegabte Frau gezeichnet, die mit vollem Bewusstsein ihr: »Ja, mir geschehe.« gesprochen hat. Nebenbei bemerkt gefällt mir deshalb besonders gut, dass bei dem Krippenmodell hier ein Buch auf dem Feldbett zu finden ist.
Ich merke: Dieses Krippenmodell hat etwas mit mir (und mit uns allen hier) zu tun – unabhängig davon, ob wir Mutter sind oder nicht. Wir alle sind Geborene. Wir alle können neu anfangen. Wir können Ja sagen zu unserer Verantwortung in dieser Welt. Amen.

Glaubensbekenntnis: Liedblatt

Ich glaube an Gott, die Schöpferkraft,
die mich zusammen mit meiner Mutter
und ihrer Hebamme ins Leben gerufen hat.

Ich glaube an Gott, die nährende Kraft,
die mich wie die Hebamme auffängt
und an die Brust meiner Mutter legt.

Ich glaube an Gott, die befreiende Kraft,
die mich aus Todesangst befreit
und mit neuem Mut leben lässt.

Ich glaube an Gott, die in der Gemeinschaft wirkende Kraft,
die mich im Fruchtwasser und im Taufwasser
einbindet in ihre Liebe.

Ich glaube an Jesus Christus,
der geboren ist und einen Neuanfang brachte.
Er ist wie ich ein Geborener,
der mich begleitet
wie ein Verbündeter.

Fürbitten: tagesaktuell

Lied: Oh Herr, wenn du kommst, wird die Welt wieder neu
(Gotteslob 233)
Alternativ: Du bist ein Gott, der mich anschaut.

Zum Segen

Gott, sei bei dir
wie eine Hebamme.
Stärke dich
in deiner Wehenarbeit,
dass du kraftvoll bist.

Gott, sei bei dir
wie deine Freundin.
Sprich dir Mut zu,
dass du durchhältst.

Gott, sei bei mir
wie der Vater eines Kindes.
Er kämpfe mit dir,
dass das neue Leben erscheint.

Halte uns fest, Gott,
ich schreie!

Amen.
(von Hanna Strack)

Sarah Weber

Ich will dir neue Namen geben – Frauenvesper in verkehrter Sprache

Hinführung

»Kehrt um, denn das Himmelreich ist nahe.« (Matthäus 3,2)
Es liegt tatsächlich so nahe. Aber um das zu erkennen, ist die Umkehr tatsächlich unerlässlich. Darum kehren wir heute um – wir kehren die Verhältnisse um. Wir kehren die altbekannten Bilder um. Kehren die Rede um. Kehren das Denken um. Indem wir »einfach nur« den Artikel umkehren: Aus »der« wird »die«. Aus »er« wird »sie«. Und siehe, es wird alles neu.

Ja, wir kehren heute einmal radikal um. Ohne Wenn und Aber und ohne Rücksicht auf »Gerechtigkeit«. Denn die gängige Form der scheinbaren Gerechtigkeit ist nicht Ausdruck echter Umkehr. Sie lässt das System unangetastet, am Bekannten und Sakrosankten ändert sich nichts – es darf lediglich auch ein bisschen mehr Weiblichkeit danebentreten. Das verurteilen wir nicht, wir haben größtes Verständnis. Aber es bringt uns nicht weiter. Und wir wollen weiter, wir wollen uns einfach nicht mehr zufriedengeben, seit wir aus unserem Dornröschenschlaf aufgeschreckt sind und bemerkten, dass kein Frieden herrscht.
Also haben wir unseren Blick umgekehrt und uns hingekniet, denn etwas in uns hat geraunt: Wenn ihr finden wollt, müsst ihr graben. Das Himmelreich verbirgt sich in der Tiefe, nicht in der Höhe. Aus der Tiefe ruft Gott zu uns. In die Tiefe hinein wollen wir suchen. In die Tiefe – nicht nach unten. Auch das war uns oft genug gepredigt worden. Unten sollten wir suchen, demütig, gehorsam, fügsam, ganz klein sollten wir uns machen, um Gott zu begegnen. Doch plötzlich kam uns das unangenehm bekannt vor. Wir bekamen die ungute Ahnung, dass DER Gott, der uns dann begegnete, eine nicht zu leugnende Ähnlichkeit mit DEM allmächtigen Chef haben könnte, mit dem allheiligen Pfarrer, mit den Göttern in Weiß, Schwarz, Grau und Blau, die uns täglich

und überall begegneten – und das umso freundlicher, je kleiner wir uns machten.

Auch hier kehren wir um. Wir machen uns nicht mehr klein. Wir vergraben uns nicht mehr im Unten, wir suchen in der Tiefe. Wenn wir uns beugen, dann zur Erde, um dort nach den Wurzeln unserer Stärke zu graben. Aus der Tiefe ruft Gott zu uns, und die Stimme, die uns aus den tiefsten Tiefen unserer eigenen Seele entgegendringt, ist eine weibliche, mütterliche, eine warme und bergende, nährende und gebärende; aber auch eine starke und bestimmte, eine klare und »deut«-liche, die uns das Leben neu zu sehen deutet. Es ist eine befreiende Stimme, und wir möchten sie aus der Tiefe heben, sie zu Gehör bringen.
Diese Frauenvesper ist ganz und ausschließlich dem Weiblichen gewidmet. Wir gönnen es uns, Gott in ihrer ganzen Weiblichkeit zu sehen, anzusprechen, zu hören, anzubeten. Männliche Gottesbilder und -anreden sind in unseren Gebeten einfach nicht da, so wie in den überlieferten Texten die weibliche Seite Gottes einfach nicht da ist. Und wir gönnen es uns, als Frauen die Psalmen zu beten, das heißt: nicht mehr in die Rolle eines männlichen Betenden schlüpfen zu müssen, wenn wir die wunderbaren Bilder dieser weisen, alten Gesänge zu unserem Gebet machen wollen. Wir wollen als Frauen fühlen, klagen, jubeln, schreien, danken, singen, weinen, beten – mit Worten und Bildern, die uns entsprechen.
Das Männliche kommt in unserer Interpretation der Psalmen nur selten vor, und wo es das tut, erlauben wir uns sogar bisweilen, es auf die Seite des Widerparts zu stellen. Wenn Sie an dieser Stelle erschrecken sollten, dann bitten wir Sie, einen nüchternen Blick in die Geschichte zu werfen und sich zu fragen, wo da das Erschrecken bleibt. Bis heute ist der gefährlichste Feind der Frau der Mann. Daher wollen wir auch einen Raum öffnen für die berechtigte Klage und Anklage der Frauen gegen ein Jahrtausende altes patriarchales System, in dem die »vor-herrschende« Männlichkeit in ihrer Macht- und Kriegshungrigkeit, ihrer Zerstörungswut und Unterwerfungslust ja wohl eher als Perversion denn als Abbild

ihrer Göttlichkeit erkannt werden muss. Darum musste Gott notwendigerweise als Mann in diese Welt kommen: damit Jesus Christus aller Welt zeigt und vorlebt, wie radikal anders das männliche Abbild Gottes aussieht.

Sollten Sie also an manchen Stellen im Text erschrecken, dann spüren Sie diesem Erschrecken einmal ganz ehrlich nach. Warum macht es uns eine solche Angst, die Dinge umzukehren? Was geschieht mit uns Frauen seit Jahrtausenden, dass wir nicht einmal unser eigenes, weibliches Abbild in Gott sehen dürfen, »der« uns doch nach »seinem« Abbild geschaffen hat?
Wir wollen umkehren und uns selbst in Gott und Gott in uns wiederfinden. Wir wollen graben, bis wir an die Wurzeln unserer Kraft, an die Quellen unseres urweiblichen Selbstbewusstseins vorgedrungen sind. Aus diesen Wassern wollen wir schöpfen. Von dieser Mutter wollen wir uns und unsere Sehnsucht stillen lassen. Mit ihr, der Lebendigen, werden wir Mauern und Wälle überwinden – und wahrhaft frei sein.

Eröffnung

Ein Loblied möchte ich singen auf dich, du Lebendige.
Ehre sei Gott in der Dreifaltigkeit, wie im Anfang so auch jetzt und alle Zeit und in Ewigkeit. Amen.

Hymnus

Gottmutter Treu
du grüne Lebenskraft
höchste Gestalterin
alles Durchfärbende
du roter Lebenssaft
färbst meine Wege grün
bis meine Wege sie sanft verwehn
ins Wolkenweiß und Wolkenleis

und mir der Himmel bleibt
in den du mich gebärst
aufs Neue
du große schöne
Kosmosleib

Gesang

Allmächtige Schöpferin, ich bleibe immer bei dir,
du hältst mich an meiner rechten Hand
und leitest mich weise und liebevoll durchs Leben.
Wenn ich gestorben bin, nimmst du mich auf in Herrlichkeit.

Du alles Vermögende, wer im Himmel,
wer auf Erden kennt mich so gut wie du?
Wer will so sehr wie du mein Heil?

Auch wenn mein Körper altert und mein Herz müde wird,
du, Wohltätige, Felsenfeste, machst mein Herz sicher.
Du bist, die mich stärkt und aufbaut,
ewig und innig sind wir einander verbunden.

Ja, wer dir fern ist, geht zugrunde.
Mein Glück aber, du Sichere ohne Sorge,
ist, dir nahe zu sein.
Ich setze auf Gott, die Lebendige, mein Vertrauen.
Ich will davon erzählen, wie viel Schönes
du in meinem Leben bewirkst.

(Nach Psalm 73,23–28)

Impuls

Ich will davon erzählen, wie viel Schönes Gott in meinem Leben bewirkt. Egal, ob an diesem Sonntag die Sonne scheint, es regnet oder schneit: Ich will heute mein Leben, die Menschen in meinem Leben, das Leben der ganzen Welt um mich herum als Geschenk wahrnehmen – und mich daran freuen.

Zeit der Stille

Im Schweigen will ich dir begegnen, Lebendige. In der Stille auf deine Gegenwart hören, ganz mit dir verbunden sein.

Gesang

Die Lebendige hat es ihren Töchtern geschworen,
einen Eid, den sie niemals brechen wird:
»Als meine Nachkomminnen will ich euch einsetzen.
Wenn eure Töchter und Schwestern und Freundinnen
meinen Bund bewahren, mein Zeugnis, das ich sie lehre,
dann sollen auch ihre Töchter und Schwestern und Freundinnen
das Land regieren für immer.«

Denn die Allmächtige hat den Ort erwählt,
an dem die Frauen in Sicherheit wohnen,
ihn zu ihrem Wohnsitz erkoren:
»Das ist für immer der Ort meiner Ruhe;
hier will ich mit meinen Töchtern wohnen, ich habe sie erkoren.
Ihre Speise will ich reichlich segnen, mit Brot ihre Armen sättigen.
Ihre Priesterinnen will ich bekleiden mit Heil,
ihre Frommen sollen jauchzen und jubeln.
Dort lasse ich meiner Töchter Macht erstarken
und stelle für meine Täubchen ein Licht auf.
Ich bedecke ihre Feinde mit Schande;
doch auf ihnen erglänzt meine Krone.« *(Nach Psalm 132,11–18)*

Meditation

Wie anders klingen diese Psalmworte, wenn plötzlich von den Töchtern, von Priesterinnen, Schwestern und Freundinnen die Rede ist statt von einem König, seinen Söhnen und »dem Volk«. Es entstehen völlig neue Bilder, die nichts mehr zu tun haben mit den altbekannten. Ich möchte diesen Bildern nachspüren, mich hineinträumen in eine neue Welt. Wie sähe er aus, der »Ort meiner Ruhe«, an dem »die Frauen in Sicherheit wohnen«?

Zeit der Stille

Im Schweigen will ich dir begegnen, Lebendige. In der Stille auf deine Gegenwart hören, ganz mit dir verbunden sein.

Magnifikat

Meine Seele preist die Unbegreiflichkeit Gottes,
mein Geist singt und jubelt, denn ich weiß, Gott ist unsere Rettung.
In den Augen der Menschen war ich eine minderwertige Frau,
doch von nun an preisen sie meine Größe von Generation zu Generation,
denn Großes durfte ich an der Allmacht vollbringen.
In meinem Leib wurde Gott lebendig, den Heiland habe ich zur Welt gebracht.
Erbarmen ergießt sich über alle Menschen,
über alle, die das sehen wollen und glauben.
In seiner Güte ist der Heiland mächtiger als alle Mächtigen.
Alle, die aus hochmütigem Herzen leben, sind für das Reich Gottes verloren.
Die scheinbar Mächtigen stürzen von ihren Thronen,
die scheinbar Wertlosen werden geheiligt und heil.
Die Hungernden werden satt, die Armen reich beschenkt,
die Reichen aber gehen leer aus.

Gott schützt und behütet ihre Kinder,
die Allmächtige vollendet unser Menschsein,
die Unbegreifliche bringt uns die Erlösung,
den Töchtern und Söhnen Saras und Abrahams.

Fürbitten

Frei formulieren

Gebet Jesu

Große Mutter Gott,
geheiligt werde dein Name,
dein Reich komme,
dein Wille geschehe,
wie im Himmel so auf Erden.
Unser tägliches Brot gib uns heute,
und vergib uns unsere Schuld,
wie auch wir vergeben unseren Schuldigern.
Und führe uns nicht in Versuchung,
sondern erlöse uns vom dem Bösen.
Denn dein ist das Reich
und das Heil und das Leben,
in Ewigkeit.
Amen.

Segen

Die Allmächtige segne uns und behüte uns; die Lebendige lasse ihr Angesicht leuchten über uns und sei uns gnädig; die Allweise hebe ihr Angesicht über uns und schenke uns ihren Frieden.

Hinweis: *Die Texte haben wir aus unserem Frauenbrevier entnommen, einem Stundenbuch in »verkehrter Sprache«, das leider mittlerweile nur noch antiquarisch oder als eBook erhältlich ist: Ute Elisabeth Mordhorst / Martina Jung: Ich will dir neue Namen geben. Ein Frauenbrevier. © Verlag Herder GmbH, Freiburg im Breisgau 2015.*

Ute Elisabeth Mordhorst / Martina Jung

Wie schön erklingt dein Name über der ganzen Erde – Psalmen in verkehrter Sprache

Psalm 8

Lebendige, unsere Mutter, wie schön erklingt dein Name über der ganzen Erde.
Die du das All und alles so gut erschaffen hast. Du hast uns als dein Abbild geschaffen, täglich gebären wir deine Schöpfung neu.
Aus dem Mund unserer Kinder und Säuglinge erklingt dein Loblied – deinen Gegnern zum Trotz;
der Schrei eines kleinen Kindes lässt deine Feinde und Widersacher verstummen.
Ich betrachte den Himmel, das Werk deiner Finger, Mond und Sterne, die du darauf gemalt:
Was sind wir Frauen, dass du an uns denkst, was sind unsere Kinder, dass du dich ihrer annimmst?
Du hast uns nur wenig geringer gemacht als dich, hast uns mit Würde und Ehre gekrönt.

Du hast uns als Verwalterinnen eingesetzt über das Werk deiner Hände, hast uns alles zu Füßen gelegt:
all die Schafe, Ziegen und Rinder und auch die wilden Tiere, die Vögel des Himmels und die Fische im Meer, alles, was auf den Pfaden der Meere dahinzieht.
Allmächtige, unsere Mutter, wie kraftvoll ertönt dein Name auf der ganzen Erde!
(Nach Psalm 8)

Psalm 48

Über deine Güte, o Gott, unsere Mutter, denken wir nach; wir ziehen uns zurück in uns, in deinen heiligen Tempel, und denken über deine Liebe und Güte nach.
Wie dein Name, Allmächtige, so reicht der Ruf von deiner Schönheit und Stärke bis an die Enden der Erde; deine rechte Hand ist voll von Gerechtigkeit.
Du bist der Berg, auf den du uns, deine Tempel, baust. Freue dich über uns, wir wollen über deine gerechten Urteile jubeln.
Kreisen wollen wir um dich, du Felsenfeste, die du erhaben bist wie ein Berg, du allmächtige Burg, du bist in unserer Mitte,
wir schreiten um dich herum, wir zählen deine Türme, die uns wunderbare Aussicht bieten auf dein Land, das vor uns liegt;
wir betrachten deine Wälle, die uns schützen, wir gehen in deinen Palästen umher, damit wir uns auskennen in dir und den Frauen nach uns erzählen können:
»Das ist Gott, unsere Mutter für immer und ewig. Sie wird uns führen in Ewigkeit.«
(Nach Psalm 48,10–15)

Psalm 139

Gott, meine Mutter, du kennst mich durch und durch. Du liest in mir wie in einem Buch. In jedem Moment bist du mir nah, wie fern du mir auch scheinst.

Was immer ich gerade tue, du weißt, wie es mir damit geht. Du fühlst mit mir und siehst auf mich voll Liebe, Nachsicht und Geduld.
Jedes Wort von mir ist dir vertraut, noch ehe ich es ausgesprochen habe. Und die Worte, die mir auf der Zunge liegen und die ich nicht sage, die kennst und fühlst und schmeckst du auch.
Gott, meine Mutter, von allen Seiten umgibst du mich, du hältst deine Hand über mir. Ich weiß und spüre, dass es so ist.
Und kann es doch nicht fassen. Zu wunderbar, zu hoch ist das für mich: Von allen Seiten umgibst du mich. Ich kann nicht herausfallen aus deiner Liebe, dein Auge ruht auf mir wie eine schützende Hand.
Schau auf mich, blicke in mein Herz und prüfe meine Gedanken.
Meine ich es wirklich gut, bin ich auf einem guten Weg? Ach, leite mich!
(Nach Psalm 139,1–6.23–24)

Psalm 9

Sei mir gnädig in meiner Not; Gott, barmherzige Schöpferin, sieh doch, wie sie mich hassen.
Führe mich herauf von den Pforten des Todes, führe mich fort von den Abgründen, die sich vor mir auftun, damit ich meinen Schwestern erzählen kann, wie sehr du deine Tochter liebst, wie treu du ihr zur Seite stehst.
Ja, von deiner Liebe und Treue möchte ich singen in den Toren der heiligen Stadt, ich möchte glücklich sein und jubeln und befreit auflachen, weil du mir hilfst.
Du schaust nicht tatenlos zu. Deine Zeit kommt. Nationen und Machthaber stürzen und fallen in die Grube, die sie sich selbst graben, ihr Fuß verfängt sich in dem Netz, das sie heimlich legen, sie, die uns Abscheuliches antun, als gäbe es dich nicht, die uns verhöhnen und dich verleugnen, die dich für tot erklären und sich selbst für Gott: Sie müssen sich vor dir verantworten.
Denn du bist. Du bist die Souveräne des Lebens. Du bist da und du zeigst dich uns. Du hältst dein Gericht, du bist die gerechte Richterin.

In ihren Taten verstricken sich die Unterdrücker, Mörder, Vergewaltiger, Ausbeuter. Die Kriegsherren in Familie, Kirche, Gesellschaft und Politik müssen hinabfahren zum Totenreich.
Kein Erbarmen gibt es für alle, die dich, du freundliche Friedegott, in ihrem Tun beleidigen.
Meine Schwestern, glaubt mir: Wir sind nicht auf ewig vergessen, unsere Hoffnung ist nicht für immer verloren. Ich weiß, die Allmächtige hört uns. Jubelt mit mir.
Sie erhebt sich, damit nicht der Mensch triumphiert, damit die Nationen gerichtet werden vor ihrem Angesicht. Sie wirft Schrecken auf die, die uns beherrschen.
Sie, die zornige allmächtige Alleinherrscherin des Alls, Erschafferin des Universums, wird ihnen vor Augen führen: Sie sind nur Menschen.
(Nach Psalm 9,14–21)

Psalm 122

Ich freute mich, als sie mir sagten: »Zum Haus der Lebendigen wollen wir pilgern, zur Heilbringenden wollen wir gehen.«
Schon stehen wir in deinen Toren, Friedensstadt: du starke Heimat, dicht gebaut und fest gefügt.
Dorthin ziehen die Generationen von Frauen hinauf, die Töchter der Allmächtigen, wie es ihnen aufgetragen ist, den Namen der Höchsten zu bewahren und zu ehren.
Denn dort stehen Richterinnensessel bereit für das Gericht, die Richterinnensessel unserer Mütter.
Erbittet Frieden für das Reich der Königin! Wer dich liebt, sei in dir geborgen. Friede wohne in deinen Mauern, in deinen Häusern Geborgenheit.
Wegen meiner Schwestern will ich sagen: In dir sei Friede. Wegen des Hauses der Lebendigen, Gott, unserer Mutter, will ich dir Glück erflehen.
(Nach Psalm 122)

Psalm 6

Gott, Allmächtige, strafe mich nicht in deinem Zorn und züchtige mich nicht in deinem Grimm!
Sei mir gnädig, ich sieche dahin,
heile mich, Heilige, Heilerin, denn mein Körper ist wund und zerschlagen!
Meine Seele ist zutiefst verstört. Du aber, Sorgende, Mütterliche, wie lange säumst du noch?
Lebendige Retterin, wende dich mir zu und errette mich, in deiner Güte und Menschenfreundlichkeit bringe mir Hilfe.
Denn bei den Toten denkt niemand mehr an dich. Wer wird dich in der Unterwelt noch preisen?
Ich bin erschöpft vom Seufzen. Jede Nacht benetzen Ströme von Tränen mein Bett, ich überschwemme mein Lager mit Tränen.
Mein Auge ist getrübt vor Kummer, ich bin gealtert wegen all meiner Gegner.
Weicht zurück von mir, all ihr Widerwärtigen, denn Gott, die lebendige Urmutter, hat mein lautes Weinen gehört.
Gehört hat sie, die reine liebende Allmacht, mein Flehen, die lebendige Trösterin und Gerechte nimmt mein Beten an.
In Schmach und Verstörung geraten all meine Feinde, sie müssen weichen und gehen plötzlich zugrunde.
(Nach Psalm 6,2–11)

Hinweis: *Die Texte sind aus dem Frauenbrevier entnommen, einem Stundenbuch in »verkehrter Sprache«, das nur noch antiquarisch oder als eBook erhältlich ist: Ute Elisabeth Mordhorst / Martina Jung: Ich will dir neue Namen geben. Ein Frauenbrevier. © Verlag Herder GmbH, Freiburg im Breisgau 2015.*

Ute Elisabeth Mordhorst / Martina Jung

Predigten

Jesus stellte ein Kind in ihre Mitte – Frauenpredigt

Lesungen: *MK 9,30–37 / Jak 3,16–4,3*

Hintegrund zu dieser Predigt
Vom 12. bis zum 19. September 2021 lief im Bistum Limburg eine Frauenpredigtwoche. Dazu schrieben die Veranstalter: »Frauen verkünden das Wort. Ein Blick in die Bibel zeigt: Die Heilige Schrift ist voller Frauen*, voller mutiger Prophet*innen und Apostel*innen – Mirjam, Hanna, Maria Magdalena, Junia, ... Von diesen Frauen* ermutigt, laden die Arbeitsstelle für Frauenseelsorge der Deutschen Bischofskonferenz und das Katholische Bibelwerk Frauen* ein, das Wort Gottes zu verkünden. Patronin dieser bundesweiten Aktion ist die Kirchenlehrerin Hildegard von Bingen, Heilige unseres Bistums. Rund um ihren Gedenktag am 17. September kommen daher auch Frauen* im Bistum Limburg zu Wort und verkünden. Es werden Auslegungen aus ihrer Perspektive sein, die damit die Verkündigung vielfältiger machen.*

»Spieglein, Spieglein an der Wand, wer ist die Schönste im ganzen Land?« – Wer kennt sie nicht, diese unheilbringende Frage aus einem der bekanntesten Märchen der Gebrüder Grimm? Eine Frage, die letztlich mit Mord und Totschlag endet für die von Neid und Eifersucht zerfressene Hexe, die sich als böse Stiefmutter in die Familie von Schneewittchen geschlichen hat!
Wer ist der Größte? Wer ist der Beste? Wer ist der Wichtigste? Wer darf am meisten? Ganz oft steht hinter dieser Frage, wie im Märchen das Gefühl von Neid und Eifersucht! Und offensichtlich haben diese leidigen Fragen schon immer eine Rolle gespielt im Zusammenleben der Menschen. Denn auch die Jünger von Jesus streiten sich darüber, wer von ihnen der Erste, der Größte, der Wichtigste ist. Heutzutage würden sie sich wahrscheinlich fragen,

wer hat die meisten Likes oder wer hat die meisten Follower? Damit wird deutlich, wie aktuell diese Fragen auch heute noch sind!

Diese Fragen damals wie heute haben wohl alle den gleichen Hintergrund: Ich vergleiche mich mit anderen und will besser dastehen als sie! Wenn mir das nicht gelingt, bin ich unzufrieden. Und diese Unzufriedenheit in mir erweckt Gefühle wie Neid, Missgunst und Eifersucht. Die Jünger damals wissen, wie dumm und unangebracht diese Vergleiche untereinander eigentlich sind. Denn sie schweigen betreten, als Jesus sie fragt, worüber sie gesprochen haben! Damit kommen sie bei Jesus natürlich nicht durch! Er kennt seine Pappenheimer. Er weiß von ihren Eifersüchteleien untereinander. Aber Jesus ruft sie nicht etwa zur Ordnung, sondern er nimmt den Vorfall zum Anlass, um noch einmal deutlich zu machen, um was es ihm geht! Und um was es auch seinen Jünger*innen gehen soll!

Er stellt einfach ein Kind in ihre Mitte und sagt: Hier seht ihr, um was es Gott geht. Hier sehr ihr das Wesentliche! Was ist kleiner, schwächer und hilfloser als ein kleines Menschenkind?
Jesus macht seinen Jünger*innen damit deutlich klar: Wer der Erste sein will, der soll sich nicht feiern lassen! Wer der Größte sein will, der muss sich um den Schwächsten kümmern! Wer der Wichtigste sein will, der muss auch noch auf den Allerletzten achten! Wer glaubt, er sei der Chef, der soll sich bücken und auf Augenhöhe gucken, was der Kleinste braucht.

Jesus stellt fest: Der Erste zu sein, das ist keine Ehre. Der Erste zu sein, das ist ein Arbeitsauftrag. Denn der Erste hat die Aufgabe, für alle anderen da zu sein. In der Fußwaschung am Gründonnerstag wird Jesus das nochmal ganz deutlich hervorheben. Dass er das so kurz vor seinem Tod noch einmal tut, zeigt, wie ernst und wie wichtig ihm das ist!
Seid bei den Menschen. Nehmt sie an und auf, so wie sie sind. Nur wenn ihr das hinbekommt, dann nehmt ihr auch mich auf. Dann

nehmt ihr Gott auf. Nur dann tut ihr, was Gott von euch möchte! Damit sagt er unausgesprochen auch: Hört auf, nur um euch selbst zu kreisen. Hört endlich auf, um irgendwelche Pöstchen zu schachern! Hört auf mit all den Eifersüchteleien: Wer ist der Beste? Wer ist der Größte? Wer darf was in meiner Kirche?

Und ich befürchte, das sagt er nicht nur zu den Jünger*:innen damals. Er sagt es auch heute zu uns! Denn auch in unseren Gemeinden und in unserer Kirche verzetteln wir uns immer noch viel zu oft in endlosen Debatten, wer darf was in unserer Kirche? Wer ist der Beste? Wer ist der Wichtigste? Und mit diesen Fragen kreisen wir unaufhörlich nur um uns selbst. Aber Jesus will etwas ganz anderes von uns: Seid bei den Menschen mit ihren Hoffnungen und Ängsten, mit ihren Sorgen und Nöten. Nehmt sie in die Arme, bildlich gesprochen aber auch mal in echt. Genauso, wie ich es euch vorgemacht habe! Seid für sie da. Nehmt sie um Gottes willen an. Kümmert euch vor allem um die Schwachen und Hilflosen in der Gesellschaft, das ist euer Job. Das ist mein Auftrag an euch! Macht endlich das, was ich von euch erwarte! Ihr wollt meine Jünger*innen sein? Dann tut etwas dafür!

Der Streit der Jünger, wer von ihnen der Größte ist, war bestimmt keine Sternstunde ihres Daseins! Aber der Streit beweist, selbst die engsten Freunde von Jesus waren nicht perfekt. Trotzdem hat Jesus sie sich ausgesucht! Und zusammen mit ihnen hat er daran gearbeitet, Gottes Willen in dieser Welt zu verwirklichen. Für uns bedeutet das: Auch wir müssen nicht perfekt sein, um uns für Jesus einzusetzen. Und deshalb steht uns nichts mehr im Weg, den Auftrag zu erfüllen, den Jesus uns gegeben hat!

Also! Auf ihr Christen! Wir sind durch die Taufe zu König*innen, Prophet*innen und Priester*innen gesalbt. Machen wir unseren Job! Kümmern wir uns um die Menschen, vor allem um die, die in der Gesellschaft keine Lobby haben. Bauen wir mit am Reich Gottes in dieser Welt. Zeigen wir durch Wort und Tat, dass wir zu Jesus gehören! Wir vergeuden nur kostbare Zeit, wenn wir weiterhin fragen: Wer ist der Beste? Wer ist der Wichtigste? Wer soll was dürfen in dieser Kirche? Sollen z. B. Frauen in der Kirche predigen und verkündigen dürfen? Jesus hat diese Frage vor über 2000 Jahren bereits längst beantwortet! Von Anfang an hatte Jesus Frauen im Gefolge.

Eine Frau, Maria Magdalena (Mt 28, 1–8), hatte unter seinen Jünger*innen eine besondere Rolle. Sie war die Apostelin der Apostel. Am leeren Grab hat sie als Erste begriffen, was Auferstehung bedeutet. Sie war die erste Glaubenszeugin des Auferstandenen und bekam von ihm den Auftrag, den Männern zu verkündigen, dass Jesus lebt. Das nenne ich eine gelungene Verkündigung!
Und dann war da diese Frau am Brunnen in Samarien (Joh 4,1–42). Um die Mittagszeit hat Jesus mit dieser samaritanischen Frau am Brunnen ein theologisches Gespräch geführt. Damit hat er wohl bewusst gegen traditionelle Vorschriften verstoßen. Denn eins war bis dahin eine klare Tradition: Niemals spricht ein jüdischer Rabbiner alleine mit einer Frau. Erst recht nicht, wenn diese Frau aus Samarien kommt und einen zweifelhaften Lebenswandel führt. Und auf keinen Fall wird ein Rabbiner mit einer solchen Frau ein theologisches Gespräch führen! Das ist Männersache. Das geht gar nicht! Mit seinem Tun überschreitet Jesus mehrfach gesellschaftliche Normen! Die Frau aber geht ins Dorf zurück, erzählt den Menschen dort von Jesus und bringt sie so zum Glauben. Das nenne ich eine gelungene Predigt!
Predigt und Verkündigung von Jesus angeregt und gewollt! Also los, ihr Frauen, gehen wir hin und tun wir das, was Jesus uns zutraut. Machen wir endlich, was Jesus von uns erwartet. Gehen wir in die Verkündigung und erfüllen wir unseren Auftrag. Finden wir Mittel und Wege, das zu tun, wozu Jesus uns in der Taufe berufen und befähigt hat.

Und auch ihr Männer in dieser Kirche, macht euren Job! Helft mit, dass das Potenzial der Frauen endlich auch in der Kirche voll aus-

geschöpft werden kann, zur Ehre Gottes und zum Dienst an den Menschen.
Nur zusammen – Frauen und Männer gemeinsam – werden wir den Willen Gottes in dieser Welt gerecht werden können! Ich bin ganz bei Paulus, wenn er in seinem Brief an die Galater (Gal 3,27) schreibt: »Denn ihr alle, die ihr auf Christus getauft seid, habt Christus angezogen. Es gibt nicht mehr Juden und Griechen, nicht Sklaven und Freie, nicht männlich und weiblich; denn ihr seid einer in Christus Jesus.« Wir sind eine Einheit in Christus. Beginnen wir endlich, das zu tun, was Jesus uns aufgetragen hat. Gemeinsam der Welt Gott verkündigen! Die Menschen auf dieser Welt brauchen Gott. Die Menschen brauchen eine Hoffnung, wie es trotz aller Pandemien, Katastrophen und Krisen auf dieser Erde weitergehen kann. Jesus stellt uns ein Kind in unsere Mitte. Dadurch gibt er uns eine Hoffnung, eine Vision und einen Auftrag! Los geht's! Amen.

Bettina Ickstadt

Ein Besuch von Frau zu Frau – Predigt zu Maria und Elisabeth

Predigt zum Fest »Maria Heimsuchung« am 02. Juli (Bundesfest des KDFB)

Ein Besuch von Frau zu Frau. – Begegnung unter Frauen.
Liebe Frauen, liebe Mitschwestern im Frauenbund, davon haben wir gerade gehört. Und wo immer sich Frauen begegnen, ist das eine große Chance, dass sich etwas spiegelt und ereignet von dem, was uns die biblische Geschichte zum heutigen Festtag erzählt. Ganz anschaulich wurde mir diese Geschichte der Begegnung von Maria und Elisabeth durch das Gemälde eines mittelalterlichen Meisters. Ich habe es bei meinem Besuch vor einem Jahr bei den Benediktinerinnen in Bernried am Starnberger See entdeckt. Sie sehen es auf Ihrem Liedblatt.

Auf der linken Seite Maria, die junge Frau, und ihr gegenüber, die ältere, erfahrene Elisabeth, wie sie sich begegnen, voller Achtsamkeit und behutsam schauen sie sich an, strecken sich die Hände entgegen. Das Wunderbarste und Auffallendste an dem Gemälde sind für mich die beiden Babys, welche die beiden Frauen in ihrem Leib tragen und die auf dem Bild sichtbar gemalt sind, wie auf einem Ultraschall. Und das in einer Zeit, da man wirklich noch nichts von den heutigen Ultraschalluntersuchungen ahnte. Wir sehen den kleine Jesus, sitzend und segnend, und ihm gegenüber kniend der winzige Johannes im Leib von Elisabeth.

Gläubige Menschen, gläubige Frauen haben also schon vor mehr als 2000 Jahren und durch die Jahrhunderte hindurch mit den Augen des Glaubens das Wesentliche, das Unsichtbare, die Gegenwart Gottes in uns selbst, sehen und spüren können. »Das Kind hüpfte vor Freude in ihrem Schoß«, heißt es von der betagten schwangeren Elisabeth. Geisterfüllt weiß sie genau, dass da nicht nur ihre junge Kusine Maria, sondern auch die Mutter ihres Herrn zu ihr kommt. Dazu brauchte sie keinen Ultraschall. Ja, es scheint so, dass den Menschen früherer Zeiten der Zugang zu der unsichtbaren, geistigen Welt viel selbstverständlicher war und leichter fiel als uns heute. Vielleicht ist es sogar so, dass all unser Fortschritt die Augen unseres Glaubens eher erblinden lässt.
Ja, es fehlt den heutigen Menschen sozusagen der Ultraschall des Glaubens, der ins Innerste schaut und uns Gott im Menschen offenbart. Deshalb ist es eine große Herausforderung, wenn wir heute wieder hören, dass Gott durch eine Frau zur Welt kommen will. In besonderer Weise natürlich durch Maria, die Gottesgebärerin, wie sie in der alten Kirche heißt. Aber Gott will sich auch in Elisabeth und durch ihr Kind zeigen. Gott will zur Welt kommen im Menschen, in einer Frau, auch heute noch, sogar in uns und durch uns. Aber wie soll das geschehen? So könnten wir mit den Worten Marias erstaunt fragen. Wie können wir mit unserem kleinen Glauben, mit all unseren Zweifeln, heute noch Gott zur Welt bringen? Es geht nicht um komplizierte, wissenschaftliche theo-

logische Antworten. Vielmehr geht es um Hinhören und Hinschauen, was Gott mir und uns ganz persönlich sagen will, wozu er uns rufen will.

Dabei ist es gut für uns zu wissen, dass Gott es ist, der das Wesentliche dazutut. Gott hat uns zuerst geliebt. Und das Beste für uns Menschen und unsere Entwicklung wurde noch immer durch schlichtes Gottvertrauen zuwege gebracht. Da, wo es einfach wird, bei allem Schweren, da wo es einleuchtend ist, da wo unser Herz vor Freude zu singen beginnt, da öffnet sich uns der Weg, Gott heute noch in die Welt zu bringen.

Und deshalb will ich Ihnen jetzt einfach von meiner Taizéfahrt an Pfingsten erzählen und was mir dort in der alten Dorfkirche von Ameugny begegnet ist. Da saßen zwei Frauen mittleren Alters, mir unbekannt und nur von hinten sichtbar. Sie saßen vor dem Seitenaltar mit Maria und dem Jesuskind. Sonst war niemand da, als die beiden zu singen begannen. Wunderschön, zweistimmig, hell und dunkel: Gegrüßet seist du, Maria, sangen sie. Und so grüßten sie die Gottesmutter wie damals Elisabeth und schon war ich mittendrin in dieser jahrtausendealten Geschichte und hielt den Atem an, ganz leise, voller Ehrfurcht, so hat mich das bewegt. Für mich liegt darin eine erste Antwort, wie Gott heute noch zur Welt kommen kann. Indem wir auf Maria schauen und auf die großen Frauengestalten unseres Glaubens durch all die Jahrhunderte, indem wir sie in unserem Leben lebendig halten, kann Gott in uns und in unsere Welt kommen. Wir können sie ansprechen und grüßen, unsere Mütter im Glauben, als wären sie uns ein Gegenüber.

So viele moderne Menschen erschöpfen sich heutzutage in einer bloß materiellen und sichtbaren Welt. Sie kennen ein Darüberhinaus gar nicht mehr. Der ganze Reichtum einer geistigen Welt bleibt ihnen verborgen. Es liegt an uns, den Zugang in diese unsichtbare Welt, in die Welt des Glaubens, für die Menschen von heute, für unsere Kinder und Enkelkinder offen zu halten.

Wir tragen diesen großen Reichtum in uns, ja wir tragen Gott selbst in uns, das zeigen uns Maria und unsere Mütter im Glauben, wenn wir auf sie schauen. Nehmen wir uns immer wieder Zeit dafür, das ist das Erste, was ich Ihnen sagen möchte.
Es geht auch um viel mehr als um eine leibliche Mutterschaft.

In jeder von uns ist ein Raum so innig und zuinnerst, dass keine menschliche Nähe dorthin reicht. Dieser innerlichste Raum ist der Ort, in dem Gott uns begegnen will. Mystiker, wie Meister Eckhart, sprechen von der Geburt des göttlichen Kindes in uns zur Zeit der Lebensmitte. Es geht da um einen inneren, einen geistigen Prozess, der unser Leben heranreifen und weit werden lässt. Davon sangen die beiden Frauen in der Dorfkirche von Ameugny in einem zweiten Lied, mit einer einfachen, eingängigen Melodie und Worten, die ich mir gut merken konnte: »In mir ist Ruhe, in mir ist Stille, in mir ist Frieden, in mir ist Kraft.«
Sie sangen das so ausdrucksstark, dass ich es ihnen wirklich glauben konnte, dass Ruhe, Stille, Frieden und Kraft in ihnen sind. Und ich staunte über den kraftvollen, selbstbewussten Gesang dieser beiden einfachen Frauen. Eine Verbindung zu Maria und Elisabeth liegt nahe, mit ihrem jubelnden Lobgesang, dem Magnifikat, was ja heißt: Meine Seele macht Gott groß. So klingt also das Befreiungslied von Frauen durch alle Zeiten.

Gott hat auf die Erniedrigung seiner Dienerin herabgeschaut. Ein Lied, das durchaus auch politische und gesellschaftliche Sprengkraft hat, wenn Mächtige vom Thron gestürzt, Erniedrigte erhöht oder Hungernde beschenkt werden und Reiche leer ausgehen. Schon Mirjam, die Schwester des Mose nahm nach dem Durchzug durch das Rote Meer die Pauke in die Hand und sang und tanzte mit den anderen Frauen das Befreiungslied aus der Sklaverei in Ägypten. Unterwürfigkeit und ungute Abhängigkeit sind aufgehoben. So sieht der Anbruch von Gottes Reich unter uns aus, von dem Frauen aller Zeiten gesungen haben.

Diese Frauen wissen, dass sie zu den Armen des Evangeliums gehören, die Jesus seligpreist, daraus schöpfen sie ihre Ruhe und ihre Kraft.

Das kann uns allen Mut machen. So kann Gott durch uns zur Welt kommen. Und noch ein drittes und letztes Lied ist den beiden Frauen in der Dorfkirche eingefallen. Sie kennen es wahrscheinlich alle: »Ubi caritas« – Wo die Güte und die Liebe sind, da ist unser Gott. Und ich könnte dieses Lied mit dem Jahresthema des Frauenbundes ergänzen: Wo Menschen fried-voll, voll-gerecht sind, da ist unser Gott. Niemand schafft das aus sich heraus zu lieben, voll gerecht und friedvoll zu sein. Das gelingt nur, wenn wir unser Innerstes Gott öffnen und bitten: Komm du in mir und durch mich in diese oft heillose und getrennte Welt. Lass durch mich ein wenig von dir und deinem Licht bei den anderen aufscheinen. Wir müssen nicht nach den Sternen greifen. Es geht zunächst einmal um unseren schlichten Dienst der Liebe dort, wo wir hingestellt sind, in unserer allernächsten Umgebung. Auch Maria lebte die längste Zeit ihres Lebens ein einfaches, unspektakuläres Leben für ihre Familie. Aber wir sollten dieses blutjunge Mädchen aus Nazareth nicht unterschätzen, denn sie war nicht nur gläubig, sondern auch gebildet. Sie kannte die Schriften. Marias Verwandtschaft gehörte zur Priesterkaste am Jerusalemer Tempel und hatte durchaus auch gesellschaftlichen Einfluss.

Unsere Familien, unsere Gemeinschaften sind eine Kirche im Kleinen und unsere Kirche im Großen lebt von ihnen und nicht etwa durch Strukturen, Programme und Hierarchien. Frauen haben gottgewollt eine bedeutsame Rolle in dieser Kirche. Das »Ja« von Maria aus dem kleinen Dorf in Galiläa hat die ganze Welt verändert und mit der Geburt von Jesus eine neue Zeitrechnung gebracht.

Ich möchte aus meiner Meinung keinen Hehl machen. Es wird auch heute noch entscheidend für die Zukunft unserer Kirche sein, inwieweit sie der Frau die Rolle zugesteht, die sie in den Anfängen, im Ursprung der Kirche und in der Jesusbewegung hatte. Es fällt mir als Frau in der Kirche immer schwerer, die mühsamen Gedankengänge von männlichen Amtsträgern nachzuvollziehen. Warum soll das Diakonat der Frau ein Spezielles sein? Warum sollten Frauen nicht auch geweiht werden können? Ich bin davon überzeugt, dass schon eine Hildegard von Bingen oder Teresa von Avila zum Priestertum berufen waren, es aber nicht leben durften. Bin überzeugt davon, dass Frauen als Diakoninnen und Priesterinnen berufen sind, es aber nicht leben dürfen bis zum heutigen Tag. Die heilige Teresa sagte einmal klagend im Gebet: Herr meiner Seele, ich halte es in diesen Zeiten für Unrecht, wenn man starke und zum Guten begabte Geister zurückstößt, nur weil es sich um Frauen handelt.« *(Weg d. Vollkommenheit. Kap. 4.1)*

Zum Schluss möchte ich uns allen nochmals Mut machen, auf die Mütter unseres Glaubens zu schauen, allen voran Maria, und auf unsere je eigene Berufung, Gott zur Welt zu bringen. Das ist keine Frage des Alters, wie wir an der betagten Elisabeth sehen können. Es ist auch nicht die Frage unserer eigenen Kraft und unserer eigenen Möglichkeiten. In zerbrechlichen Gefäßen tragen wir die Gegenwart Gottes, damit das Leuchten nicht von uns, sondern von ihm kommt, heißt es in der Heiligen Schrift. Und so geht es vielmehr darum, uns täglich neu Gottes Gegenwart in uns zu öffnen, einen langen Atem zu haben, uns zu engagieren und die Hoffnung nie aufzugeben. Ja, wir Frauen sollten stets »guter Hoffnung sein«. Denn wie der heilige Paulus schreibt, ist es so, dass die gesamte Schöpfung bis zum heutigen Tag in Geburtswehen liegt und sich nach dem Erscheinen Gottes sehnt.
Sehnen wir uns also danach, dass Gott in uns und durch uns erscheint. Gerade wir Frauen können ein Lied davon singen!

Katharina Barth-Duran

Maria und Elisabeth – Meditation zur Predigt

Maria und Elisabeth
erkannten Gott
als lebendigen Teil ihrer selbst.

Schau mich an, damit ich mich sehe.

Ute Elisabeth Mordhorst

Brief an Maria und Elisabeth – Predigtgedanken

Liebe Maria, liebe Elisabeth!
Die Geschichte eures Treffens hat mir schon immer besonders gut gefallen und es gibt manches Bemerkenswerte, das uns heutigen Frauen in Konfliktsituationen hilfreich sein kann.

1. Ein Kind ist ein Geschenk
Es lässt sich auch heute noch, trotz aller diesbezüglichen Erkenntnisse und Mittel, nicht mit Sicherheit planen und schon gar nicht »machen«. Es kommt, öfters als man denkt, zur Unzeit. Womöglich noch im Teenager-Alter oder mitten in der harten Phase des Studiums. Gerade erst zu Beginn der beruflichen Laufbahn oder nach einem One-Night-Stand mit einem Typen, der, nüchtern betrachtet, als Partner oder Vater völlig ungeeignet ist.
Oder es kommt überhaupt nicht – nicht nach Abschlüssen, Eheschließungen, Hausbau, sorgfältiger Planung und vorsorglichem Einrichten eines Kinderzimmers. Wenn es ausbleibt, setzt die medizinische Diagnose und Therapie ein, Hormone werden verabreicht, Zeugungsversuche nach dem Kalender werden verordnet. Die Anzahl lebensfähiger Samenzellen ausgezählt, Eizellen entnommen und befruchtet, eingesetzt, eingefroren und wieder aufgetaut. Die Erfolgsrate aller dieser Bemühungen der »Repro-

duktionsmedizin« liegt bei 30–40 %. Und womöglich in den gleichen Kliniken, in denen am Kinderwunsch gearbeitet wird, gibt es jährlich in Deutschland 100.000 Abbrüche wegen ungewollter, ungeplanter oder beschädigter »Produkte«. Weil kein Umtausch wie bei Amazon möglich ist, kann man vorher nachsehen lassen, ob alles stimmt, und selbst bestimmen, wie es weitergeht. Darf man alles, was man kann? Die Folgen sind schwerwiegend, egal wie die Entscheidung ausgeht.

2. Netzwerke tragen im Ernstfall
Da hattet ihr beiden biblischen Mütter es leichter! Ihr konntet das werdende Leben einfach annehmen. Zum Zeitpunkt der »Heimsuchung Mariens«, wie eure Begegnung überschrieben ist, weiß Josef noch nichts von seinem Glück und Zacharias ist sprachlos. Dank der Engel, die zur Stelle sein werden, um die Väter einzunorden, dank eures Gottvertrauens und dank eurer guten Vernetzung kommt ihr in diesem »Schwangerschaftskonflikt« nicht nur zurecht, sondern freut euch miteinander!
Schwangere warten gespannt darauf, das erste Strampeln ihres ungeborenen Kindes zu spüren. Wie schön, dass dieses alltägliche Wunder Eingang in die Heilige Schrift gefunden hat! Dieser Moment, in dem das neue Leben sich erstmals regt, ist wie der erste Akkord der Auftaktveranstaltung zum Neuen Testament. Und dann folgt die Ouvertüre. Maria, du singst sie Elisabeth und uns im Magnifikat vor.

3. Kinder sind Boten von Gott
Maria, du bist guter Hoffnung. Dir hüpft das Herz in der Brust, wie man so sagt. Du preist, jubelst, bist selig. Die Nähe Gottes macht dich glücklich. Du nimmst seinen Auftrag wie eine Gabe an. Du spürst, dass bei Gott die weltliche Ordnung kopfsteht. Denn er räumt unter den Machthabern auf und hebt die Bodenständigen, die Habenichtse und Ausgelieferten empor, schenkt ihnen seine besondere Aufmerksamkeit.

Die vermeintlich Reichen, Übersättigten, die auf Kosten der Armen im Überfluss leben, können seine Gaben nicht empfangen, vielleicht weil sie keine Hand frei haben, die sich öffnen könnte. Sie müssen sichern und festhalten, während die Hungernden mit offenen Herzen und Händen seine Fülle empfangen können. Gott löst seine Verheißungen ein. Er begleitet die Seinen durch dick und dünn. Diese Zusage ist an keine Zeitangabe gebunden. Sie gilt auf ewig.

4. Das Leben braucht mütterliche Menschen beiderlei Geschlechts
Eure Begegnung klingt wie ein spiritueller Geburtsvorbereitungskurs. Ihr nehmt eure Rolle im Heilsgeschehen an und helft euch gegenseitig dabei. Für uns alle, Männer und Frauen, ob Eltern oder nicht, sind noch Rollen zu besetzen. Die Welt braucht Menschen, die unerschrocken auf himmlische Zustände verweisen und entsprechend leben. Es sind Menschen, denen das Schicksal der Nächstbesten nicht egal ist, die in ihnen den Nächsten sehen und das Nächstliegende tun. Es sind solche Leute, die sich kümmern, um Mängel, Ungerechtigkeiten, üble Nachrede, Gemeinheiten und Schicksalsschläge. Die nicht froh sind, wenn sie verschont bleiben, sondern sich nicht schonen, um zur Besserung des Missstandes im direkten Umfeld beizutragen. Durch jede und jeden von uns kann Gott zur Welt kommen. Das Magnifikat gibt eine Regieanweisung dazu.
Liebe Ahninnen im Glauben, ich habe eine Ahnung davon bekommen, was es heißt, empfänglich zu sein. Kann ich bitte in euer Netzwerk aufgenommen werden?
Liebe Grüße,
Christine.

Regina Groot Bramel

Im Dialog mit Johannes – Eine Junia-Predigt

Junia: »Dich habe ich noch nie hier am Ambo gesehen.«
Johannes: »Naja, ich dich auch noch nie.«
Junia: »Und wer bist du?«
Johannes: »Mein Name ist Johannes. Man kennt mich auch als ›der Jünger, den Jesus liebte‹. Aus dem Evangelium, das mir zugeschrieben wird, haben wir gerade einen Text gehört.«
Junia: »Angenehm. Ich heiße Junia. Man kennt mich auch als Junias. Ich stehe ebenfalls in der Bibel, zwar nur an einer Stelle, aber dort hat Paulus mich seinerzeit als eine herausragende Apostelin bezeichnet.«
Johannes: »Ich habe davon gehört, Junia. Und jetzt lerne ich dich kennen, toll! Mir ist auch zu Ohren gekommen, dass du eine Führungsposition innerhalb der Gemeinde gehabt haben sollst. Was ich nicht verstehe: Warum nennt man dich denn auch Junias? Das ist doch merkwürdig. Den Namen Junias hat es doch in der Antike für Männer gar nicht gegeben.«
Junia: »Ich weiß. Mit diesem Namen habe ich mich 700 Jahre lang herumschlagen müssen, bis endlich 2016 in der neuen Übersetzung der Einheitsbibel der Fehler korrigiert worden ist. Bis zum 13. Jahrhundert wusste jeder, dass ich eine Frau gewesen bin, Junia – ohne s am Ende! Niemand hatte ein Problem damit. Aber im 13. Jahrhundert konnte man sich dann nicht mehr vorstellen, dass eine Frau eine Apostelin gewesen ist. Da hat man mich dann durch das »s« kurzerhand in einen Mann verwandelt.«
Johannes: »Die Zeiten ändern sich eben.«
Junia: »Ja, die Zeiten unterliegen immer Änderungen. Aber es gibt Menschen, die das nicht wahrhaben wollen. Ich habe inzwischen sogar einen eigenen Gedenktag – morgen, am 17. Mai ist Junia-Tag.«
Johannes: »Ich habe davon gehört. Jetzt verstehe ich auch, warum du hier bist. Du bist eine der Frauen, die der Initiative »Predigerinnen-Tag« der katholischen Frauengemeinschaft Deutschlands folgt.«

Junia: »Ganz genau, unser Pfarrer hat den Frauen seiner Gemeinde hier vorgeschlagen, den Predigtdienst in allen drei Orten an diesem Sonntag zu übernehmen. Aber wenn du schon hier bist, Johannes, dann lass uns doch zusammen predigen. Ich habe nichts gegen Männer am Ambo.«
Johannes: »Sehr gerne. Das finde ich übrigens gut, dass du als Frau hier predigen darfst. Ist ja heute nicht mehr so üblich, wie ich hörte. Nun, mein Evangelium wird ja oft als verschachtelt und schwer verständlich bezeichnet. Dabei dreht sich bei mir alles um die Liebe, die Jesus an uns weitergegeben hat. Die Liebe und ihre Konsequenzen, das habe ich aus den verschiedensten Blickwinkeln zu erklären versucht. Denn die Liebe ist das Wichtigste und Schönste, was Gott zu geben hat.«
Junia: »Ja, das habe ich auch immer so empfunden. Jesus hat es uns ja auch als das oberste Gebot ans Herz gelegt: Liebt Gott von ganzem Herzen und liebt euren Nächsten wie euch selbst. Und er hat es uns noch einmal ganz deutlich gesagt: Daran, wie ihr einander liebt, werden alle erkennen, dass ihr meine Jünger seid. Ich glaube, das ist das wichtigste Vermächtnis, das Jesus uns allen mit auf den Weg gegeben hat, als er diese Welt verlassen hat.«
Johannes: »Du sagst es: ein Vermächtnis. Das Gebet Jesu, das heute aus meinem Evangelium vorgelesen wurde, war ja wirklich eine Art Vermächtnis, denn er hat es gebetet, bevor er in der Nacht gefangen genommen wurde und gestorben ist. Er wusste ja, dass es so kommen würde.«
Junia: »Man merkt einfach, wie wichtig es Jesus war, dass wir das weiterleben und in die Welt tragen, was er begonnen hat. Und obwohl in dem Gebet das Wort »Liebe« gar nicht vorkommt, glaube ich, dass es der Schlüssel ist, um es zu verstehen.«
Johannes: »Nun ja, Jesus betete damals zu Gott: »Ich habe deinen Namen den Menschen offenbart. Bewahre sie in deinem Namen.« Der Name Gottes ist die Liebe. Denn Gott ist die Liebe. Weißt du, ich habe immer gespürt, dass Jesus in seinem ganzen Handeln und Sprechen diese Liebe Gottes bezeugt.«

Junia: »Ich bin mir sicher, genau das war sein Auftrag. Dazu hat Gott Jesus in die Welt gesandt. Und er hat uns diese Liebe nahegebracht. Das war so wichtig damals, als viele von uns noch glaubten, dass Gott ein strenger Richter ist, dessen Gunst man sich erst verdienen muss. Jesus hat unsere Seelen behütet, indem er uns gezeigt hat, wie Gott wirklich ist.«
Johannes: »Ja. Und er wollte uns aufgehoben wissen in Gottes Liebe, auch wenn er nicht mehr bei uns ist. Das berührt mich so sehr. Diese Fürsorge, die Jesus für uns hatte und die man in diesem Gebet für uns heraushören kann. Er hat gewusst, dass wir es in dieser Welt nicht einfach haben werden, wenn er nicht mehr bei uns ist. Denn wir waren wie aus einer anderen Welt – nicht von dieser Welt, die damals war. Eine Welt, in der noch immer die Einhaltung von Regeln und Gesetzen die Religion beherrschten und nicht die Liebe, die Jesus und uns erfüllte. Wir glaubten also etwas anderes, und das gab Probleme. Es kam sogar die Zeit, in der wir uns verstecken und heimlich treffen mussten.«
Junia: »Da ist noch etwas, was mir sehr wichtig ist in dem Gebet Jesu. Es steht ziemlich am Ende. Da betet Jesus: ›Wie du mich in die Welt gesandt hast, so habe auch ich sie in die Welt gesandt.‹ Das sollten wir nie vergessen. Dass wir genauso gesandt sind, den Namen Gottes zu offenbaren – die Liebe. In unseren Taten und unseren Worten.«
Johannes: »Ob wir das zu unserer Zeit immer so gut hinbekommen haben? Ich glaube, das ist auch oft schiefgegangen.«
Junia: »Das ist normal, wir sind Menschen und haben uns nicht immer im Griff. Eifersucht, Machthunger, Egoismus – es gibt so viele menschliche Gefühle, die der Liebe entgegenstehen. Aber wir haben immer wieder versucht, die Liebe ins Zentrum unseres Lebens zu stellen.«
Johannes: »Eine bedingungslose Liebe war das. Denk doch nur an die vielen Menschen, die als Sünder abgestempelt waren und ausgegrenzt wurden. Was war das immer für ein Aufruhr, wenn Jesus mit ihnen zusammen geredet und gegessen hat!«

Junia: »Aber die Menschen haben sich durch ihn verändert, alle. Es muss an dieser Bedingungslosigkeit liegen. Und wir sind gesandt, von Jesus, genau diese Art Liebe weiterzugeben. Und trotzdem leiden wir in der Kirche heute darunter, dass Menschen eben nicht immer bedingungslos empfangen werden. Alle Menschen sind willkommen – aber viele nur mit einem »aber«:
Willkommen – aber homosexuell willkommen – aber geschieden und wiederverheiratet willkommen – aber eine Frau ... und so weiter. Manche dieser Bedingungen können wir nicht einmal ändern, zum Beispiel, eine Frau zu sein. Dabei sehnen wir uns alle danach, so wie wir sind, ohne Wenn und Aber akzeptiert und geliebt zu werden.«
Johannes: »Ich weiß, wie es sich anfühlt, so sehr geliebt zu werden. Man nannte mich »den Jünger, den Jesus liebte.« Eine so starke Liebe, dass ich nicht aufhören konnte, von ihr zu schreiben.«
Junia: »Das möchte wohl jeder gerne so intensiv spüren. Aber jetzt, wo Jesus nicht mehr so wie damals bei uns ist, ist das schwerer.«
Johannes: »Ja, aber Gottes Liebe ist ewig und immer noch da. Jede und jeder kann sie entdecken: z.B in der Stille, in der wunderbaren Schöpfung oder im Gebet. Viele Menschen wenden sich gerade dann vertrauensvoll an Gott, wenn es ihnen nicht gut geht und sie spüren dann: Ich bin nicht allein. Gott gibt mir Kraft und Zuversicht. Viele entdecken Gottes Liebe aber auch in der Gemeinschaft mit anderen Menschen. Ich glaube, jeder Mensch kann dem in seiner ganz eigenen Art nachspüren und so immer mehr in Beziehung treten zu Gott.«
Junia: »Und jeder kann auch versuchen, diese Liebe Gottes anderen zu offenbaren. Ich glaube, das ist der Sinn des Lebens: zu lieben und geliebt zu werden.«
Johannes: »Wenn wir diese Liebe offenbaren würden, dann würden alle Menschen als gleichwertige Brüder und Schwestern Gemeinschaft haben, dann würden wir Brot und Wein in Erinnerung an Jesus teilen, und zwar mit allen, die Sehnsucht haben, mit ihm in Gemeinschaft zu sein.«
Junia: »Und dann würden wir es ganz normal finden, dass eine Frau namens Junia unter Männern eine herausragende Apostelin

war und die Konsequenzen für gleiche Rechte und gleiche Würde im ganzen Volk Gottes daraus ziehen.«

Johannes: »Ja, so ist es. Ich wünsche dir einen schönen Gedenktag morgen!«

Junia: »Danke. Den werde ich haben.«

Beide: »Amen.«

Eva Weinitschle / Karin Heiser-Uphues

Kritischer Brief an Paulus – Predigtgedanken zu Paulus' Frauenbild

Lieber Paulus,

wenn Du wüsstest! Hättest Du damals schon geahnt, welche Probleme wir haben in unserer Kirche der unverheirateten Priester, Mönche und Nonnen. – Du hättest sicher zu unserem Nutzen anders gepredigt! Unserer Kirche, unseren Gemeinden macht zu schaffen, dass es zu erschütternden Fällen von sexuellen Übergriffen auf Kinder und Hilflose kam und kommt, in Gemeinden, kirchlichen Schulen, Einrichtungen und Heimen. Die Lämmer werden im Namen Gottes und unter dem Deckmantel der christlichen Nächstenliebe für eigene Interessen, für Macht, Lust und Trieb missbraucht, geschändet, zur Schlachtbank geführt. Sicher, Du wirst entgegnen, dass diese übelsten Gemeinheiten nicht nur in kirchlichen Kreisen auftreten, sondern ein weltweites Phänomen sind – aber das macht die Sache nicht besser! Jeder einzelne Fall ist einer zu viel und wenn es Christen, sogar Oberhirten sind, sogenannte Vorbilder, die beispielhaft und ganz für die Sache des Herrn frei sein sollen – dann ist es einfach unaussprechlich.

Du wünschtest, die Gemeindeleiter wären ohne Sorgen, das ist ein frommer Wunsch, absolut unerfüllbar, egal wie die Lebensumstände sind. Christen werden neben ihrem Grund zur Freude Sorgen haben, solange das Himmelreich noch im Kommen ist, angebrochen, aber noch nicht da. An diesen Sorgen führt weder die Ehe vorbei noch die Ehelosigkeit. Eigentlich ist die Erfahrung von uns Heutigen, dass es gar nichts damit zu tun hat. Es spielt keine Rolle, ob man in einer Beziehung lebt oder allein, mit Kindern oder nur mit einem Partner, in einer Gemeinschaft oder als Einsiedler.

Frei zu sein für die Aufgabe, das Reich Gottes zur Welt zu bringen – das ist doch Dein Anliegen, wenn ich Dich richtig verstehe? Interessant, dass Du gestandene Frauen und Mütter für ungeeignet hältst – warum hast Du eigentlich so eine schwache Meinung vom »schwachen Geschlecht«? Wer, wenn nicht die Mütter, hat denn Erfahrung damit, neues Leben in die Welt zu bringen? Naja, irren ist menschlich, das gilt auch für Dich.
Frei sein für das Reich Gottes – das klingt gut. Doch wie sehr diese Freiheit von unserem Beziehungsstatus abhängt, darf infrage gestellt werden. Denn mit der Ehelosigkeit haben die wenigsten heute Probleme, im Gegenteil: Das Sich-gar-nicht-erst-binden und Bei-Schwierigkeiten-trennen hat Hochkonjunktur. Bei uns ist es nicht mehr Mode, frei für etwas zu sein, wir sind lieber frei von Bindungen, die wir als einengend betrachten. Wie könnte diese Freiheit, von der Du eigentlich redest, heute aussehen?

Wir sind ungeteilt, frei – wenn wir so frei sein können, auf manche Dinge der Welt zu verzichten – aus Solidarität, aufgrund besseren Wissens, weil wir erkannt haben, dass wir uns selber schaden, wenn wir uns abhängig machen von Besitz und Prestige.
Aber es heißt nicht, dass wir die Errungenschaften verteufeln sollten, in der Steinzeit verweilen und zu Fossilien degenerieren, die bei ihren fragenden Zeitgenossen nur ein müdes Lächeln erzeugen! Wir dienen dem Herrn mit ganzer Kraft, wenn wir in Beziehungen durchhalten, das Versprechen der Treue in guten und bösen Tagen ernst nehmen und umsetzen. Wenn wir die damit verbundenen Schwierigkeiten aus eigener Erfahrung kennen und andere sich vertrauensvoll an uns wenden können, ohne salbungsvoll abgespeist oder mit frommen Floskeln heimgeschickt zu wer-

den, womöglich eine getarnte Drohung, ihr Seelenheil betreffend, im Gepäck.

Wir können in rechter Weise und ungestört immer und überall dem Herrn dienen, am Arbeitsplatz genauso wie in der Kirche, in den Ferien ebenso wie im Alltag, als Eheleute nicht weniger als im Zölibat und als Frau ebenso wie ein Mann! Paulus, es wird Zeit, dass Du Deine Konzeption einer funktionierenden Gemeinde einmal gründlich überarbeitest und fortschreibst! Gerne sind wir Dir in Wort und Tat behilflich!
Deine Schwestern im Glauben

Regina Groot Bramel

Die Weisheit der schweigenden Frauen – Osterpredigt zur Auferstehung

Zum Evangelium im Lesejahr B, Mk 16, 1–8

Liebe Gemeinde, wir feiern heute Nacht Ostern, die Auferstehung unseres Herrn Jesus Christus. Ein Fest der Freude, des Osterjubels. Und nachdem wir die schweigsamen Jahre der Pandemie hinter uns gebracht haben, können wir ja auch endlich wieder befreit aufsingen! Doch hören wir ausgerechnet in diesem Jahr den Osterbericht aus dem Markus-Evangelium, dem schwierigsten und kantigsten der vier Evangelien. Eine der dicksten Kanten hat unsere römische Leseordnung allerdings ausgewetzt, die Zumutung wollte man den Predigern zu Ostern wohl ersparen. Aber da wir ja in den letzten Jahren gelernt haben, mit vielerlei Zumutungen klarzukommen, will ich sie Ihnen in diesem Jahr einmal nicht ersparen.

Das Evangelium, das wir gerade gehört haben, wurde in der Leseordnung um einen Satz gekürzt, um den letzten, der im ursprüng-

lich dem Markus zugeschriebenen Text steht. Ich lese Ihnen die letzten Zeilen des vollständigen Absatzes vor:
»Sie gingen in das Grab hinein und sahen auf der rechten Seite einen jungen Mann sitzen, der mit einem weißen Gewand bekleidet war; da erschraken sie sehr. Er aber sagte zu ihnen: Erschreckt nicht! Ihr sucht Jesus von Nazareth, den Gekreuzigten. Er ist auferstanden; er ist nicht hier. Seht, da ist die Stelle, wohin man ihn gelegt hat. Nun aber geht und sagt seinen Jüngern und dem Petrus: Er geht euch voraus nach Galiläa; dort werdet ihr ihn sehen, wie er es euch gesagt hat. Da verließen sie das Grab und flohen; denn Schrecken und Entsetzen hatte sie gepackt. Und sie sagten niemandem etwas davon; denn sie fürchteten sich.«

»Sie sagten niemandem etwas davon, denn sie fürchteten sich.« Mit diesem Satz endet das ursprüngliche Markus-Evangelium. Ein Paukenschlag am Schluss. Und damit vermutlich auch eine wichtige Botschaft an uns. Dieser Botschaft möchte ich heute an diesem Ostermorgen in wenigen Bildern und Impulsen nachgehen. Ich gebe ihr die Überschrift: Die Weisheit der schweigenden Frauen.

Das Bild der weise schweigenden Frau begegnet uns dreimal in den Evangelien. Zum ersten Mal begegnet sie uns in der Weihnachtsgeschichte des Lukas. Hier hören wir von Maria, die auf die aufgeregten Berichte der Hirten hin »all diese Worte bewahrte und in ihrem Herzen erwog.« Es herrscht helle Aufregung nach dem Auftritt der Engelschöre und die Hirten sind die ersten Apostel, die ersten Botschafter der neuen Zeit. Sie tragen die Botschaft hinaus in die Welt. Maria aber schaut sich das Ganze schweigend an und hört in ihr Herz hinein.
Und eine Mutter vermag sich vielleicht ganz gut vorzustellen, was Maria damals alles in ihrem Herzen erwog. – Das war nun also der Heiland, der Erlöser der Welt. Immerhin hatte sie es geschafft, ihn gesund in diese Welt hineinzugebären. Aber bevor dieses kleine Bündel Mensch irgendjemanden erlösen würde, musste es erst einmal über die ersten Tage, Wochen und Monate gebracht werden.

Maria sah in ihrem Herzen, dass der Jubel der Engelschöre schon bald verklingen und dem rauen Alltag weichen würde. Gott wollte Mensch werden – und das würde, wie für jedes kleine Wesen, das in die Welt tritt, um Mensch zu werden, einen langen Weg bedeuten. Maria lässt sich nicht von der Großartigkeit des Augenblicks hinreißen. Sie blickt tiefer und bewahrt und bezeugt in ihrem Herzen, was gerade die ganze Welt verändert hat.

Tatsächlich hören wir nach der Weihnachtsgeschichte nicht mehr viel von dem Kind. Eine kurze Episode des 12–jährigen Jesus im Tempel lässt uns erahnen, dass er kein ganz gewöhnliches Kind war. Aber doch offensichtlich gewöhnlich genug, dass man keine weiteren Kindheitsgeschichten in den Evangelienkanon aufgenommen hat. Und so begegnet uns die schweigende Frau erst am Karfreitag wieder. Gleich drei Frauen sind es, die schweigend unter dem Kreuz stehen und bezeugen, dass es wirklich wahr ist: Der Mensch gewordene Gott ist gestorben, Gott ist tot. Sie sind die Einzigen aus der Schar der Freunde und Jünger Jesu, die in der Todesstunde Jesu an seiner Seite sind. Sie, die Frauen, die all seine Worte bewahrt und in ihren Herzen bewogen hatten, sie hatten die Kraft für diesen stillen Moment, in dem nur noch das Herz Worte finden kann.

Zum dritten Mal begegnen uns die schweigenden Frauen heute. Wieder sind sie die ersten Zeuginnen. Ohne große Worte wollten sie eigentlich nur tun, was zu tun ist: dem Toten die letzte Ehre erweisen. Und erleben dann das Unmögliche. »Schrecken und Entsetzen hatten sie gepackt«, berichtet Markus. Und das kann man sich gut vorstellen. Ganz ehrlich: Denken Sie nicht auch, dass dieser Auferstehungsbericht eigentlich der glaubwürdigste ist? Leere Gräber sind bis heute ein beliebtes Motiv in Horrorfilmen. Wen würde in diesem Augenblick nicht erst einmal Schrecken und Entsetzen packen? Fragen über Fragen. Und dieser junge Mann? Wer war er, wie glaubwürdig war er? Was war geschehen?
Nein, die Frauen laufen nicht gleich jubelnd zu den Jüngern und verkünden die Auferstehung des Herrn. Sie schweigen erst einmal

und erwägen das Erlebte in ihren Herzen. Sie warten erst einmal ab. Und ihr Herz sagt ihnen: Wenn es wirklich wahr ist, dann wird sich diese Wahrheit auch erweisen. Schließlich hatte der Engel gesagt, dass Jesus ihnen in Kürze selbst erscheinen würde.

Wenn wir an dieser Stelle einen Schwenk in unsere Gegenwart machen, dann stehen diese weise schweigenden Frauen auch für eine Tugend, unter deren Abwesenheit unsere Gesellschaften gerade seit den Jahren der Pandemie fast zu zerbrechen drohen. Wahrheit wird nicht mehr geprüft und in Ruhe erwogen, sie wird nicht mehr an der Wirklichkeit gemessen, sondern daran, wer seine jeweiligen »Fakten« am lautesten und überzeugendsten in die Welt posaunt, twittert, postet, auf der Straße herausschreit. Während der Pandemie brüllte die eine Seite mit immer ungeheuerlicheren Zahlen und Schreckensszenarien, sodass man nur noch verschüchtert gehorchen konnte. Kaum verwunderlich, dass zugleich die andere Seite versuchte, dagegen anzubrüllen und alles in Grund und Boden zu leugnen. Es war in den Medien ein einziges Gebrüll in Großbuchstaben auf rotem Grund – und man hat den Eindruck, dass dieser Tonfall seither zum Normalfall geworden ist.

Wie wohl tat uns in jenen Tagen die Tugend der schweigenden Frauen, die erst einmal schwiegen und die neue Sachlage auf sich wirken ließen. Die eben nicht gleich losrannten, um irgendeine Version der neuen Wahrheit in die Welt zu posaunen, einer Wahrheit, die so unglaublich war, dass man sie vermutlich erst einmal als Fake News kennzeichnen würde. Nein, die Frauen wollten ganz bewusst keine Falschnachrichten überbringen. Sie wollten erst einmal sicher sein, sie wollten verstehen, was da passiert war. Sie schwiegen erst einmal. Und schauten in ihre Herzen. Und öffneten sich damit für die echte Begegnung mit der Wahrheit.

In allen Evangelien wird uns berichtet, dass Jesus – so wie es der Engel vorhergesagt hatte – kurze Zeit später selbst den Frauen und den anderen Jüngern erschien, immer wieder erschien er ihnen, bis es auch der Letzte glauben und begreifen konnte. Vielleicht haben die Frauen überhaupt erst mit ihrem furchtsamen, aber auch klugen und vorsichtigen Schweigen diesen unvoreingenommenen Begegnungsraum mit dem Auferstandenen ermöglicht. Und vielleicht ist das tatsächlich die Botschaft, die uns Markus in seiner Ostererzählung mit auf den Weg geben wollte: Seid nicht zu vorschnell mit eurem Osterjubel. Verdaut die Wahrheit, die ganze unerhörte, unglaubliche und kaum fassbare Wahrheit, die im leeren Grab steckt, erst einmal. Bewegt sie in euren Herzen. Lasst sie ankommen bei euch.

Das Kirchenjahr sieht 50 Tage vor, die uns gegeben werden, um Ostern zu verdauen und die unverbrüchliche Wahrheit der Erlösung in unserem Herzen zu verkosten. 50 Tage hatten die Jünger damals, in denen der Auferstandene immer wieder zu ihnen sagte: Ich bin es, es ist wirklich wahr. 50 Tage, bis Jesus selbst an Pfingsten sagt: Nun geht damit hinaus in die Welt. Und damit ihr auch wirklich die richtigen Worte findet, sende ich euch meinen Geist als Hilfe. Damit das, was aus eurem Munde kommt, Wahrheit und nichts als Wahrheit sei. Echte frohe Botschaft, die aus dem Herzen kommt, die durchlebt und erkannt wurde. Eine Botschaft, von der ihr sagen könnt: Ich weiß es ganz gewiss, dass es wahr ist, denn ich habe es mit eigenen Augen gesehen.
Ostern ist keine Fake News. Ostern ist eine unglaubliche Wahrheit.

Die Corona-Zeit hat Tür und Tor für Unwahrheiten und vorschnell veröffentlichtes Wissen und Halbwissen geöffnet. Und damit Furcht und Erschrecken bei vielen Menschen ausgelöst. Zugleich hat sie uns auch den Mund verschlossen. Heute dürfen wir wieder singen. Doch vielleicht lag in dem verordneten Schweigen aber auch eine wunderbare Chance, einmal der Weisheit der schweigenden Frauen zu folgen und die Ungeheuerlichkeit der Auferstehung vom Tod ganz still in unseren Herzen zu bewegen und zu betrachten.

Ich möchte Sie einladen zu einer kurzen Zeit des Schweigens. Lassen Sie die ganze Wahrheit von Ostern in Ihr Herz. Die fängt mit Angst und Schrecken an. Getrauen Sie sich ruhig, auch diesen Gefühlen hier und heute Raum zu geben. Bewegen Sie das alles in Ihren Herzen. Lassen Sie sich von dem Auferstandenen ansprechen. Lassen Sie der Wahrheit Zeit, damit sie tief und fest wurzeln kann in Ihrem Herzen. Und dann lassen Sie Ihre Seele jubeln. Die Osterbotschaft – sie beginnt vielleicht mit Angst – aber sie endet in einem tiefen, ewigen Trost. Ja, es ist wirklich wahr. Am Ende siegt die Erlösung. Immer. Amen – Halleluja.

Martina Jung

Ein neues Magnificat – Meditation zu Ostern

In ein tiefes Verließ gestoßen
vom Feind des Lebens
und seinen Verbündeten

die Frau
in einem dunklen Schacht unsichtbar gemacht
zum Schweigen gebracht ihr unbequemes Dasein
ihre bittere Wahrheit ihre Behauptungen
Gott sei mit ihr
Ganz unten am Boden
verzweifelt beschämt ausgestoßen
einen Tod vor dem Tod gestorben

Über ihr
der Stein aus Beton
mit dem die Mächtigen
den Eingang zu ihrem Grab zementiert haben
Hoffnungslos spürt sie

wie aus ihrem Herzen
ein kleines Saatkorn zu keimen beginnt

Ein kleiner grüner Halm der nach oben
wachsen will ins Licht
Das zarte Grün bricht sich Bahn
die Betondecke vor ihrem Herzen bekommt Risse
Unbeirrbar wächst der Halm
er wird den Stein
vor ihrem Grab sprengen
Frau warum weinst Du?
Es ist Zeit auf-zu-erstehen!
Keine Missachtung mehr
kein Missbrauch
keine Blöße keine Scham
Ja
Sag es weiter!
Du darfst
du sollst
deinen Mund auftun
dein Wort
kommt aus Gottes Mund
dein Wort
es wird die Mächtigen vom Thron stürzen
In allen Unterdrückten
wird der Jubel groß sein
Alleluja

Katharina Barth-Duran

Maria braucht dich – Meditation zu Lk 1, 26–38 (8.12. / Advent)

Nachdem der Engel verschwunden ist
steht sie mutterseelenallein da,
in Nazareth, Frankfurt, Kleinostheim
und wie die Orte und Zeiten heißen mögen.
Als die Folgen der Begegnung mit ihm
sichtbar werden durch morgendliche Übelkeit,
trifft sie auf vorwurfsvolle Mienen,
erhobene Zeigefinger, Kopfschütteln.
Sie sagt nicht Nein zu dem Kind da in ihr,
aber ein Ja zu finden ist auch nicht so leicht.
Da ist noch ein zweites Kind, ihr eigenes Selbst,
das bedürftig ist und Hunger hat, ein Leben lang.
Ob sie es im Stall zur Welt bringen wird oder im Großstadt-Ghetto,
es in Stoffwindeln hüllt oder in Pampers,
ihm das Krippenstroh aufschüttelt oder das bunte Kissen,
gestiftet von der Caritas, macht fast keinen Unterschied.
Sie braucht eine Base wie Elisabeth, keine Klatschbase –
eine Verwandte, die Verbindung eingeht und hält,
eine Erfahrene, die mehr vom Leben kennt und Ruhe bewahrt,
eine Freundin, die sich freut, vor allem wenn sie selbst zweifelt –
wenn sie sich fragt, ob es nicht besser gewesen wäre,
Nein zu sagen und einfach in die Klinik zu gehen,
zur ambulanten, sterilen Beendigung eines Problems,
bevor es zu groß wird, sich ausdehnt und breitmacht in ihr.
Ihr hilft nicht unsere katholische Enzyklika zum Leben,
sondern Menschen, die das Leben bejahen, kompromisslos,
die den Segen sehen, nicht nur die Sorge und das Risiko.
Sie braucht eine von uns, dich und mich eben. Ab sofort. Immer.

Regina Groot Bramel

Gegrüßet seist du, Maria – Meditation zum Ave Maria

»Gegrüßet seist du, Maria, voll der Gnade, der Herr ist mit dir« –
und bei uns am Tisch sind die Kinder aus der Heimgruppe zu Besuch und unterhalten sich über den Muttertag, für den in der Schule gebastelt wurde, rote Herzen mit Schnörkelschrift: »Der lieben Mama von deinem Schatz«.

»du bist gebenedeit unter den Frauen, gebenedeit ist die Frucht deines Leibes, Jesus« –
die Früchtchen hier in der Runde fühlen sich eher »vermaledeit« als gebenedeit, haben vom Segen nicht viel gemerkt: am Anfang, als es besonders drauf ankam, später amtlich in Obhut genommen und »fremdplatziert zum Wohle des Kindes«.

»Heilige Maria, Mutter Gottes, bitte für uns Sünder« –
eine Sünde und Schande ist der Katalog der Versäumnisse und Vergehen, denen diese Kinder ausgesetzt waren, durch Menschen, denen sie vertraut haben – manche sind verlassen von Müttern, die sie bis heute nicht kennen, nicht einmal von einem Foto.

»jetzt und in der Stunde unseres Todes« –
bis zur Todesstunde kann das nicht warten, wir brauchen jetzt, heute noch, Helferinnen, sofort, Mütterlichkeit über die Grenzen von Verwandtschaft und Nationalität hinaus, Schutzpatroninnen, Fürsprecherinnen bei Lehrern, Ärzten, Betreuern und Nachbarn jetzt und zuverlässig an jedem Tag im Jahr!

Du bist es, der mich aus dem Schoß meiner Mutter zog, mich barg an der Brust der Mutter. Von Geburt an bin ich geworfen auf dich, vom Mutterleib an bist du mein Gott. (Ps 22,10–11)

Regina Groot Bramel

Ach Kind, was wird dir nur geschehen? – Meditation über ein Kriegsdenkmal

Wie es wohl kommt
dass mir gerade in dieser Zeit
immer wieder Mütter ins Auge fallen
starke Frauen, ihr kleines Kind im Arm
das sie bergen und schützen wollen
vor allen Gefahren.

Eine Frau als Mutter,
der ich begegne auf der Straße oder zuhause
in einem Denkmal oder einem Bild im Spiegelbild
oder bei einer Beerdigung.
Etwa auf dem Friedhof in Karlsruhe
weit mehr als lebensgroß die Skulptur
einer Frau terrakottabraun
aus Erde und Lehmboden
hinter sich ein Gräberfeld aus kleinen Kreuzen
zahllose Namen.

Nicht nur Soldaten, auch Frauen
und Kinder Opfer der Bomben
beim Angriff auf ihre Stadt.

Ihr kleines Kind umschlungen
in ihren weiten Mantel gehüllt
ihren Kopf seitlich gebeugt
an einen kleinen Kopf gelehnt
Stirn an Stirn
mit ihrem Kind ganz nah und warm
die Mutter

Keine Frage
eine Mutter, die wie eine Löwin
für ihr Kind kämpfen würde
und ich bin sehr betroffen als ich mich umwende
und noch einmal
in beide Gesichter schaue von Mutter und Kind
Weit offene Augen nach oben gerichtet
Richtung Himmel
woher kommt mir Hilfe
doch nur Erschrecken Entsetzen
und Angst im Blick
Bomben und Tod bedrohlich
für Leib und Seele
Wie ist das möglich mein Gott?

Ach Kind,
was wird dir nun geschehen?

Katharina Barth-Duran

Maria von Belarus – Impuls in kriegerischer Zeit

Zehntausende von Soldaten
müssen aufmarschieren
gegen Maria in Belarus
mit der roten Rose
oder Aung San Sun Kyi,
die Zierliche mit den Mandelaugen
in Myanmar,
nur eingesperrt und weggesperrt
in Gefängnissen
scheinen sie nicht mehr bedrohlich.

Kein Zurückschrecken
vor Drohgebärden brutaler Gewalt,
Folter und Blutbad.
So setzen sich die Despoten durch,
hart und unerbittlich
mit ihrem Aufgebot an Heerscharen,
bewaffnet bis an die Zähne.
Mit Schlagstöcken Knüppeln und Festnahmen
wollen sie den Widerstand brechen.

Doch die einfachen Menschen
auf den Straßen
sind Heldinnen und Helden,
riskieren ihr Leben
für Frieden Freiheit und Recht,
wollen lieber tot sein
als geknechtet unter diesen Herren.

Mein Gott steh ihnen bei,
stürze die Mächtigen vom Thron
und erhöhe die Niedrigen.

Katharina Barth-Duran

Du willst ihm die Füße waschen? – Meditation zum Gründonnerstag

Die Fußwaschung, von der wir am Gründonnerstag hören, ist nicht die erste, die in den Evangelien erwähnt wird. An zwei anderen Stellen ist es Jesus, dem die Füße gewaschen (Lk 7,36–50) und sogar gesalbt werden – einmal von einer Frau, die nur als »Sünderin« bezeichnet wird, an anderer Stelle (Joh 12,1–11) von Maria von Bethanien, die in vielen Traditionen auch mit Maria Magdalena gleichgesetzt wird. Am Abend vor seinem Tod, beim letzten Mahl, der einzigen Gelegenheit, bei der Jesus mit seinen männlichen Begleitern allein ist, folgt er dem Beispiel dieser Frauen. Die Jünger hatten die genannten Begebenheiten sicher noch ganz genau vor Augen – hatten sich doch einige heftig empört, dass Jesus diese Gesten der Frauen an sich zuließ. Und nun machte er es den Frauen nach, ihr großer Herr und Meister, ihr Rabbi – machte sich klein »wie eine Frau«.

Du?
Du Frau, du SÜNDERIN –
Du willst ihm die Füße waschen?
Du, von der ich genau weiß, wer du bist.
Du, für die ich einen Namen parat habe,
die du niedriger stehst als ich;
du Sünderin, du wagst es, ihm die Füße zu waschen
und zu salben mit teurem Öl?
Du?
Du, Herr?
Du willst mir die Füße waschen?
du, von dem ich genau weiß, wer du bist.
Du, für den ich einen Namen parat habe,
HERR,
der du viel höher stehst als ich
und viel, viel höher als sie,
du, HERR, du willst mir die Füße waschen,
damit ich Anteil habe an dir
und dich begreife?
Begreife ich dich richtig?
Du ließest dir die Füße waschen von ihr,
während du den Pharisäern die Köpfe wuschest.
Ist das das Beispiel, das du mir gegeben hast?

Ute Elisabeth Mordhorst

Können Sie sich eine Frau am Kreuz vorstellen? – Gedanken zur Leidensgeschichte (Joh 18,33–37)

»Können Sie sich eine Frau am Kreuz vorstellen?«, fragte mich eine Ordensfrau mittleren Alters in ihrer Wallfahrtskirche auf dem Berg. Ich kannte sie nicht, aber sie trug ein Ordensgewand und so hatte sie meinen Vertrauensvorschuss. Auch ich stand in der Lebensmitte und arbeitete als Pastoralreferentin. Was da so selbstverständlich von der Kanzel verkündet wurde, bereitete mir zunehmend Schwierigkeiten. Wie starr und unerbittlich waren doch die Rollenzuweisungen für Frau und Mann in den Köpfen der Priester. So hatte ich nach der Messe das Bedürfnis, mit einer Frau der Kirche über die Berufung der Frauen zu sprechen. Ja, auch zum Priesteramt. Ihre Antwort war eine Frage: »Können Sie sich eine Frau am Kreuz vorstellen?« Zunächst war ich irritiert. Doch nur kurz, denn ich erkannte, dass diese Frage ihr Argument war. Natürlich konnte sie sich das in ihrem traditionellen Denken nicht vorstellen. Jesus am Kreuz, das war doch eindeutig ein Mann. Und nur Männer konnten von daher in ihrer Kirche geweiht werden und »in persona Christi« wirken. Hinzu kam wahrscheinlich noch ihre Fantasie von einer entblößten Frau am Kreuz, die nackten Brüste und das Herz mit einer Lanze durchstoßen. Ein unmoralisches Bild. Das können wir unseren Kindern doch nicht zumuten!

Können Sie sich eine Frau am Kreuz vorstellen?
Abgesehen davon, dass es auf historischen Gemälden auch in unseren Kirchen genügend mittelalterliche Darstellungen von halbnackten Frauen gibt, manchmal gar gequält mit sadistischen Foltermethoden, möchte ich festhalten, dass Jesus nicht als Mann am Kreuz gestorben ist, sondern als Mensch. Und dass er allen Menschen einen Weg zu Gott zeigen wollte, der uns Vater und – vielmehr – auch Mutter ist. Ich verstehe mich als Tochter Gottes. Wir alle, Männer und Frauen, sind Kinder Gottes und als Getaufte berufen, prophetisch, priesterlich und königlich zu wirken ... also auch als Priesterinnen, Prophetinnen, Königinnen zu sein.

Können Sie sich eine Frau am Kreuz vorstellen?
Ja, das kann ich. Ich begegne ihnen immer wieder. Höre von ihnen, lese von ihnen, begegne ihnen. Auch heute noch gibt es weltweit unzählige Frauen, die am Kreuz hängen. Zu Unrecht. Gewaltsam angenagelt, missbraucht und gefoltert. Frauen mit unerträglich großem Leid, schmerzerfüllt. Entblößte Frauen, aller Würde beraubt. Frauen in Angst und Panik. Ohnmächtig mit Angst um ihr Leben, vor allem Angst um ihre Kinder. Verzweifelte Frauen, zum Schweigen gebracht, umgebracht. Noch nicht einmal mehr ein Flüstern, dieses »Mein Gott, mein Gott, warum hast du mich verlassen!?« Für mich sind es Königinnen. Königinnen mit einer Dornenkrone. Ihr Königtum ist nicht von dieser Welt.

Katharina Barth-Duran

Begreift ihr denn nicht – Meditation über die Frauen am Grab

»Einige Frauen aus unserem Kreis haben uns in große Aufregung versetzt. Sie waren in der Frühe beim Grab, fanden aber seinen Leichnam nicht. Als sie zurückkamen, erzählten sie, es seien ihnen Engel erschienen und hätten gesagt, er lebe. Einige von uns gingen dann zum Grab und fanden alles so, wie die Frauen gesagt hatten; ihn selbst aber sahen sie nicht. Da sagte er zu ihnen: Begreift ihr denn nicht?« (Lk 24,22–25)

früher als die anderen
waren sie dort
wo das Geheimnis
von Tod und Auferstehung liegt
mehr als die anderen
vertrauten sie ihrer inneren Stimme
sahen sie hinter der Leere die Fülle
hinter dem Tod das Leben
unbegreiflicherweise

bis heute
nicht ernst genommen
verlacht
und diffamiert von denen
die nicht begreifen
doch die Erkenntnismacht für sich
beanspruchen

Ute Elisabeth Mordhorst

Geheimnisvolle Hirtin – Gedicht

Geheimnisvolle Hirtin
gewandet
mit meiner Wanderung
durch tiefe Nacht
jetzt seh ich wie du
ruhst und wachst
Hirtin von Wüstenland
mit mir
du hohe, stille Felsgestalt
an einem Sonnenstrand

Ute Elisabeth Mordhorst

Auch du bist Prophetin – Gedanken

Auch du bist Prophetin
mit dieser Zusage beginnt ein schönes Gedicht,
das ich schon oft an Frauen verschenkt habe.
Gerade weil es uns aufleben lässt, uns bejaht und bestärkt,
wenn unsere Worte in der eigenen Gemeinde,

in der eigenen Verwandtschaft und Familie
oft überhört,
nicht verstanden oder geschätzt werden

Auch du bist Prophetin
Berufen, das Wort Gottes weiterzusagen.
Häufig liegt es dir auf der Zunge,
ohne dass du es erdacht hättest.
Lass dich nicht verunsichern,
wenn sie dir entgegenhalten,
dass du aus einem kleinen Ort
und einfachen Verhältnissen kommst.

Auch bei Jesus damals nahmen sie Anstoß,
blickten auf sein Handwerk,
auf seine Mutter Maria, seine vier Brüder,
die sie beim Namen kannten,
und seine namenlosen Schwestern.
Sie glaubten ihn zu kennen
und kannten ihn doch nicht, unseren Gott,
der kein Außerirdischer blieb,
kein Super-Man war, sondern ganz einfach
einer von ihnen.

Auch du bist Prophetin
Gott will das so noch heute,
will im Einfachen zuhause sein im Alltäglichen,
gar Unscheinbaren und Kleinen.
In irdenen Gefäßen tragen wir den Schatz,
damit das Übermaß an Kraft nicht von uns,
sondern von Gott kommt.*

*(zu Markus 6,1–6 und *2 Kor 4.7)*

Katharina Barth-Duran

O weh – Meditation

Du
Geheimnisvolle
Verborgene
Weisheit Gottes
Keinem Machthaber
wo auch immer
käme es je in den Sinn
dass du weiblich sein könntest

Die Herrscher, die ihre weibliche Seite
genauso unterdrücken und bekriegen
wie die Frauen in ihrer Umgebung und in ihren Ländern
was werden sie erschrecken
wenn sie sich verantworten müssen
vor der weiblichen Instanz Gottes
Dann sind sie am Ende mit ihrer Weisheit
O weh

Ute Elisabeth Mordhorst

Es gibt viele Marias – Meditation

Es gibt viele Marias,
die sich auf den Weg machen,
damals wie heute,
über felsigen Stein und Berge,
durch Wüsten und Meere
mit einer Sehnsucht im Herzen.

Mirjam,
die Schwester von Mose und Aaron,
die vor ihrem Volk herzog
in die Freiheit aus der Sklaverei
und einen Freudentanz tanzte
mit den Frauen
nach ihrem Durchzug durch das Rote Meer.

Maria, die Mutter Jesu,
deren Gottvertrauen
über ihre Zweifel siegte
vom »Wie soll das geschehen?«
hin zu einem »Ja, ich will!«

Maria von Magdala,
die Jesus folgte
wie eine Schwalbe dem Sommer folgt,
wie Maria, die Frau des Klopas
und die anderen Frauen,
die Jesus dienten nach ihrem Vermögen.

Auch heute noch viele Marias,
auch in meiner Familie
meine Großmutter Maria
und mein Vater Alfons Maria
meine Patin Maria Luise
und fünf Kusinen,
alle haben Maria im Namen,
selbst ich.

Und weltweit gesehen
viele heilige Frauen.
Solche mit Ordensgelübde
und solche mit Familie.
Frauen in Kirche und Gesellschaft,

Poetinnen und Politikerinnen,
Ärztinnen und Pflegerinnen,
Frauen wie Maria in Belarus,
die dem Diktator trotzen,
die um ihres Glaubens willen verfolgt sind,
und trotz allem
ihre Sehnsucht bewahren, Gott zu folgen.
Manchmal in Eile aufbrechen,
sich auf den Weg machen,
keine Zeit verlieren wollen,
Jesus zur Welt zu bringen,
ihm nachzufolgen,
denn das Gottesreich will kommen
durch und mit und in Maria.

Katharina Barth-Duran

… in Gottes Namen? – Impuls

Wie wollen wir uns
auch nur annähernd
einen Begriff machen
von Gottes
ganzer Schönheit und Größe

Wie wollen wir uns
auch nur annähernd
vorstellen,
Gott ebenbildlich zu sein

Wie wollen wir uns
in Gottes Namen
wiederfinden
und heil werden

wenn es uns
Frauen
in Gottes Namen
nicht gibt?

Ute Elisabeth Mordhorst

Der Platz, der ihnen gebührt – Meditation zu den Worten der kanaanitischen Frau (Mt 15, 21–28)

Wie wenig fällt ab
für die Frauen
und ihre Töchter
von den Tischen der Herren.
Wie viel fällt unter den Tisch
was die Frauen angeht.
Was fiele nicht alles ab
von den Frauen und ihren Töchtern
würden sie den Platz einnehmen
der ihnen gebührt
am Tisch des Herrn.

Ute Elisabeth Mordhorst

Heilige Geistkraft – Meditation

Ein unerbittliches Ringen um die Macht
ist es in diesen Tagen weltweit
zwischen den Männern ganz oben
die verbissen kämpfen

Währenddessen eine junge Frau
recht geräuschlos
an ihnen vorüberzieht
Richtung Spitzenplatz
sie weiß es ist ihre Stunde
die Stunde der Frauen

Nur die da oben tun sich schwer
auch meine Kirche
mit dieser Einsicht
die für Menschen
in unseren Gemeinden
selbstverständlich ist

Dabei ist Ruach Elohim
die heilige Geistkraft
der schwere Atem
in den Geburtswehen
doch die weiblichste
und gegenwärtigste
unserer dreifaltigen Gottheit
mitten unter uns

Katharina Barth-Duran

Blutflüssige Frau – Impuls zu Mk 5, 25–34

Warum muss
das Blut
so verketzert werden
bei der Frau,
das doch ganz natürlich ist?
Etwas eigen Blut.

Warum muss
das Blut
so verketzert werden
bei der Frau
und das Blutvergießen nicht
beim Mann?

Massenhaftes Blutvergießen
in den vielen Kriegen.

Ute Elisabeth Mordhorst

Für meine Schwestern am See – Eine Hommage an Ordensschwestern

Meine Schwestern
wohnen am See
und haben ein großes Haus
mit offenen Fenstern
zum Himmel
und offenen Türen
nach draußen

Die Gesichter
der Älteren erzählen
mit Furchen
die das Leben zog
dass Treue lebenslang
auszuhalten ist
die Jüngeren lächeln

Das Gebet in der Kapelle
vor dem Kreuz
eint sie dreimal täglich
und vieles können sie
gemeinsam
und allein
mit geschlossenen Augen

Die Gebrechliche
hat eine Schwester zur Seite
die ihr die Hand hinhält
um den Weg zu finden
immer noch
immer wieder leise und zart

Eine versteht es
Licht anzuzünden
und so behutsam
zu löschen wie selten
und das Wort in ihrem Mund
wird zum Lied

Eine andere steht auf
stimmt es an
hell und schön
manchmal mit Jauchzen
in der Stimme
ihre Schwestern folgen
der Freude als Weg

Aller Menschen Not
hat ihren Platz
bei Jüngeren wortreich
bei den Älteren schweigsamer
bemessen die Worte

voller Mitleid
die inständig bitten

Es ist heilsam und gut
diese Schwestern zu haben
dankbar dafür
so wie sie sind am See
im Garten zuhause

An ihrer Pforte
hüten sie den Eingang
und den Ausgang
öffnen neue Räume
decken den Tisch
laden ein zum Gebet
sind mit uns
erzählen von Gott
der da ist
beständig und treu

Katharina Barth-Duran

Trümmerfrauen von heute – Hommage an die Frauen in der Kirche

Tapfer sind sie
und stark, die Frauen
in der Kirche von heute,
die bleiben wollen, trotz allem,
und kämpfen
für die Seelen ihrer Kinder,
für die Verlorenen,
um eine Zukunft für alle.

Sie kämpfen um Heilung
und salben die Wunden
von Mutter Natur
und Mutter Kirche,
die ausgebeutet, missachtet
am Boden liegt
in Trümmern,
krempeln die Ärmel hoch,
packen an,
fangen neu an
und bauen auf.

Die Trümmerfrauen
von heute
sind geistliche Begleiterinnen,
Seelsorgerinnen,
Trösterinnen und Bloggerinnen,
suchen die Stille,
schreiben Tagebuch
und beten.

Halten Kontakt,
halten andere
in den Armen,
netzwerken,
sind Familienfrauen
und kinderfreundlich,
pflegen die Alten mit Geduld,
verbreiten Segen,
werden kreativ,
lieben die Gartenarbeit,
häkeln Schals für die Bäume,
züchten Hühner,
gründen Kirchencafés,
feiern Agape.

Folgen dem Weg
der Wahrheit und dem Leben,
Mensch geworden in einem Wort;
folgen diesem Ruf,
wollen tun,
was ihnen gesagt wurde:
Baut meine Kirche wieder auf!

Katharina Barth-Duran

Weibliche Dreiheit – Hymnus

Du Wahrheit in einer Dreie
Selbdritte
Du Große Entscheidungsfreie
Liebe Selbstmitte
Du mütterliche Erde
Du Schöpferische Werde
Du Eine und Alle zugleiche
Du geistreine Schöne
Du Himmelsweltreiche

Ute Elisabeth Mordhorst

Die sieben weiblichen Gaben des Geistes – Impuls

Du bist
Die Kreativität Gottes
Die Fantasie Gottes
Die Stärke Gottes
Die Weisheit Gottes

Die Vernunft Gottes
Die Tröstung Gottes
Die Kraft Gottes

Sieben weibliche Formen, Wirkungsweisen, Botschaften, Seiten, Eigenschaften, Gaben und Geschenke unseres Gottvaters und seines Sohnes, unseres Herrn.
Sieben mal siebzig Mal will ich daran denken, glauben und mich festhalten in unserer Kirche, in der die Männer das Sagen haben, unter sich bleiben und bestimmen wollen, wo's lang geht. Bestimmt hätte Jesus, mein großer Bruder, etwas anderes bestimmt!

Regina Groot Bramel

Frauenkörper – Impuls zu Maria Himmelfahrt

Ihr erstes Kind: ein Junge.
Benannt wie viele damals: Jeschua, das heißt: Gott ist Rettung.
Er lernte von ihr den Glauben an Gott, einzig und treu, und die Hoffnung auf Gottes Gerechtigkeit.
Das Zerwürfnis war tief, als er ging, die Enttäuschung groß und das Ende bitter.
Aber ihr Lied klang doch noch durch: Gott hat großes an mir getan, Gott erhöht die Machtlosen und wird sich erbarmen.
Das Unverständnis, die Trennung, der Bruch hatten nicht das letzte Wort.
Der Tod hatte nicht das letzte Wort.
Da öffnete sich ein Raum, in dem alles wieder heil und ganz werden konnte, und die Trauer wurde aufgehoben in ein neues Verbundensein.
An ihrem Körper spielte sich so vieles ab, wie an allen Frauenkörpern: Sie werden geformt und geschmückt. Sie können neues Leben in die Welt bringen und nähren und kennen die Mühsal wie

auch die Freuden dabei. Sie altern wie alles Leben. Sie werden bewertet, kontrolliert und beherrscht. Sie sind bedroht von männlicher Gewalt.
Mariä Himmelfahrt sagt: Frauenkörper sind ein Raum Gottes. Niemand hat Zugriff darauf. Gott umfängt den verletzlichen Körper mit allen Erfahrungen, die sich im Laufe eines Lebens darin eingeschrieben haben. Und dann werden wir in Gottes Gegenwart eintauchen, und es wird gut sein. Amen.

Annette Jantzen

Schulderkenntnis – Gebet

Ich erkenne mit Gott, der Allmächtigen,
und manchen Schwestern und Brüdern,
dass sich versündigt wird an mir
seit Jahrtausenden bis heute
in Gedanken und Worten, Werken und Taten,
in Verkündigung, Kirche, Staat und Gesellschaft,
durch meine Schuld, durch meine Schuld
durch meine große Schuld
weiblich zu sein.
Deshalb bitte ich Maria von Nazareth,
die jungfräuliche Mutter Jesu Christi,
deren Jungfräulichkeit darin bestand,
von männlichem Denken und Wirken unabhängig zu sein,
darum bitte ich Maria von Nazareth und ihre Engel und Priesterinnen, für mich zu beten,
dass ich mich nicht auch versündige an mir und meinen Schwestern,
durch meine Not, durch meine Not
durch meine große Not;
durch meine Wut, durch meine Wut,
durch meine große Wut.

Die Allmächtige erbarme sich unser
und lasse uns die Blindheit nicht nach,
die nicht erkennen will,
jetzt und noch lange Zeit und am liebsten in Ewigkeit.
Amen.

Ute Elisabeth Mordhorst / Martina Jung

Maria – Prophetin einer neuen Kirche

Eine Einladung zum Aufräumen in der Kirche

Maria 2.0 – Nicht unbedingt würde man auf den ersten Blick hinter diesem Namen eine Bewegung vermuten, die sich nichts weniger als eine komplette Rundumerneuerung der Kirche auf die Fahnen geschrieben hat. Frauen, die aufräumen wollen in der Kirche – und damit ist nicht das Geschirr beim Pfarrfest gemeint, sondern es geht an die Grundfeste der Institution. Und da, an den Grundfesten, am innersten Fundament, wenn man den ganzen Ballast von zwei Jahrtausenden abträgt, wenn man das schwere Mobiliar aus Katechismen, Dogmen und Festlegungen, wer wann was sagen darf, was richtig und was falsch ist, zur Seite schiebt, wenn man wirklich einmal aufräumt, dann trifft man dort, an den Grundfesten, tatsächlich auf Maria. Denn mit ihr hat alles angefangen. Das ist nun einmal so. Sie ist die erste Station bei Gottes großer Mission auf seiner Erde.

Doch muss man tatsächlich auch Maria erst einmal ein wenig freiräumen, um den Urkern einer tatsächlich gottgewollten Kirche in ihr zum Leuchten zu bringen. Und genau das tun die Frauen, wenn sie sich Maria 2.0 nennen – und wenn sie, denen die Kirche trotz aller nicht mehr hinnehmbaren Verfehlungen immer noch am Herzen liegt wie einer Mutter ihr Kind, auch wenn es noch so krumme Wege geht, wenn sie sich an den Ambo stellen und von einer wahrhaft geschwisterlichen Kirche predigen, wenn sie sich mit zugeklebten Mündern vor die Kirche stellen und damit für alle Welt sichtbar machen, was die Wahrheit der Kirche ist, eine Wahrheit, die nur die frei macht, die Anteil an der Macht haben.

Die Maria, von der die Evangelien berichten, war eine mutige, eine konsequente und eine wahrhaft liebende Frau. Und warum nicht einmal ganz mutig ihre Jungfräulichkeit nicht als Hinweis auf sexuelle Enthaltsamkeit, sondern als ein Sinnbild und zugleich ein Auftrag an die Kirche verstehen: Maria war noch von keinem Mann berührt worden. Sie gehörte keinem Mann, sie war auch von keinem Mann unterworfen, eingesperrt oder erniedrigt worden. Nur eines war sie: von einem Mann so sehr geliebt, dass er gegen alle

Gesetze und alle egoistische Vernunft an ihrer Seite blieb und alles Menschenmögliche tat, um Jesus sicher in diese Welt zu bringen. Was für ein schönes Bild für den Urkern der Kirche – und für die Rolle des Mannes in dieser Kirche …

In diesem Kapitel finden sich Gottesdienste, Predigten, Impulse und Meditationen, in denen Frauen um diese ursprüngliche Kirche kämpfen, singen und beten. Sie sind diese Kirche, sie öffnen Grenzen, sie laden alle ein, sie halten miteinander Mahl, wie Jesus uns aufgefordert hat. Sie tun es im Namen Marias und all der Frauen der ersten Stunde, die mit Jesus auf dem Weg waren, die nicht weggelaufen sind, als sein Weg ihn ans Kreuz führte, die Frauen, welche als Erste von der Auferstehung erfuhren, die ersten Verkünderinnen der wunderbaren Osterbotschaft. Sie wissen: Diese Kirche braucht die Kraft der Frauen, sie braucht sie tatsächlich als »Reinigungskräfte« …, denn sonst räumt nie jemand auf.

Gottesdienste

Kommt zu Tisch – Agapefeier

*Wir teilen geschwisterlich – Gleiche Würde * Gleiche Rechte!*
Aktionswoche Maria 2.0
Agapefeier am Sonntag, 20.9.2020, 16.00 Uhr, Marktplatz Mainz
Maria 2.0 Nieder-Olm und kfd Diözesanverband Mainz e.V.

Wecker läuten lassen

Begrüßung

Allgemeine Begrüßung (Bezug auf Aktionen, Vernetzung, Kooperationen)
Vieles ist geschehen und geschieht. Eines hat sich aber nicht verändert. Wir sind weiterhin draußen. Frauen, Menschen, die in gleichgeschlechtlichen Beziehungen leben, wiederverheiratete Geschiedene, Priester, die ihre Beziehungen heimlich leben müssen. Wir sind weiterhin draußen vor den geschlossenen Mauern und Türen, hinter denen Entscheidungen getroffen, Weichen gestellt, gemeindliches Miteinander definiert, Leitungsaufgaben zu- und anvertraut sowie abgesprochen werden, sakramentale Handlungen eröffnet oder verweigert werden.
Wir sind weiterhin draußen – und wir werden nicht aufhören, den Finger in die Wunden der unheilvollen Strukturen unserer Kirche zu legen.
Aber wir verharren nicht im Widersprechen, wir verändern Kirche, indem wir unser Tun endlich als ebenbürtig bedeutsam begreifen.
Wir feiern geschwisterlich in Seinem Namen. Niemand steht vor.
ER ist mitten unter uns.
Und das tun wir heute in großer Verbundenheit. Zum einen hier in Mainz – und gleichzeitig verbunden mit vielen Gruppen und Ini-

tiativen überall in Deutschland, die auch einen großen Tisch gedeckt haben.
Wir teilen geschwisterlich! Heute, jetzt und immer wieder – hier und überall.

Lied: Füllt den Wein nicht in alte Schläuche

Biblischer Impuls: Apg 2,42 ff

Nach dem Pfingstereignis, dem Geburtstag der jungen Kirche, heißt es: »Sie (die Gemeinde) blieben fest bei der Lehre der Apostel und Apostelinnen in der Gemeinschaft, beim Brotbrechen und bei den Gebeten ... Alle aber, die Vertrauen gefasst hatten, waren zusammen und teilten alles, was sie hatten ... sie brachen das Brot in den einzelnen Häusern, nahmen Speisen zu sich voll Jubel und mit lauterem Herzen, lobten Gott und waren gut angesehen beim ganzen Volk.«

Impuls zum Austausch

Vor uns auf den Tischen stehen Brot und Wein, die wir gleich geschwisterlich teilen möchten.
Wir laden euch ein, etwas von uns dazuzulegen, unsere Gedanken, unsere Konflikte, unseren Frust und Ärger, unsere Ängste und unsere Sorgen, gerade jetzt in der Coronazeit. Aber auch unseren Dank, unsere Freude, unsere Arbeit, unsere Liebe und unseren Glauben fügen wir hinzu.
Tauscht euch aus in eurer Tischgemeinschaft. Gerne können wir uns dies anschließend auch noch gegenseitig mitteilen und so all das, was uns bewegt – positiv wie negativ –, einfließen lassen in Brot und Wein.

Austausch am Tisch

Wer möchte, kann Gedanken mitteilen

Lied: Mit meinem Gott spring ich über Mauern

Fürbittgebet

Jesus Christus, du bist unser Bruder. Du kennst uns durch und durch. Du hast selbst als Mensch auf dieser Erde erlebt, wie oft wir scheitern. Wieviel Unfrieden herrscht. Deshalb bitten wir dich: Sende deinen Geist aus, wir brauchen dich.

Wir beten für alle Menschen – Frauen, Männer, Jugendliche und Kinder –, die in dieser Kirche und durch Amtsträger und Mitglieder dieser Kirche Leid ertragen mussten und müssen:
durch psychische und physische Gewalt. Durch sexualisierte Gewalt.
Durch Machtmissbrauch. Durch spirituellen Missbrauch.
Wir bitten dich, Herr Jesus Christus: Sende deinen Geist aus, wir brauchen dich.

Wir beten für alle Menschen, die in dieser Kirche Verantwortung auf den verschiedenen Ebenen tragen:
für die, die weggeschaut haben und noch immer wegschauen, angesichts des Unrechts, das geschieht.
für die, die sich an das Amt klammern und an die Tradition.
für die, die den Aufbruch hin zu einer erneuerten Kirche wagen wollen und sich dafür einsetzen – gemeinsam mit vielen Männern, Frauen, Jugendlichen und Kindern.
Wir bitten dich, Herr Jesus Christus: Sende deinen Geist aus, wir brauchen dich.

Wir beten für alle Menschen – Frauen, Männer, Jugendliche und Kinder –, die in der Kirche darunter leiden, dass sie ausgegrenzt werden:
weil sie eine neue Ehe eingegangen sind.
weil sie einen Menschen gleichen Geschlechts lieben.
weil sie offen eintreten für Veränderungen in der kirchlichen Lehre und im kirchlichen Leben.
Wir bitten dich, Herr Jesus Christus: Sende deinen Geist aus,
wir brauchen dich.

Jesus Christus, du bist Mensch geworden, um uns einen neuen Weg zum Leben aufzuzeigen. In Freiheit und Liebe sollen wir leben. Können wir leben, weil du es uns ermöglichst. Und dennoch herrscht in dieser Kirche so viel Angst.
Hilf uns, im Dialog zu bleiben.
Hilf uns, miteinander nach dir zu suchen. Nach dem Leben, das du allen Menschen versprochen hast.
Hilf uns nicht müde zu werden. Wir wollen als Getaufte mit dir und zu dir auf dem Weg sein und sind es – Frauen, Männer, Jugendliche und Kinder.
Und so rufen wir dir zum Abschluss noch einmal unsere Bitte zu: Sende deinen Geist aus, wir brauchen dich! Amen.

Vaterunser

Überleitung Mahlgemeinschaft

Gemeinsam möchten wir nun – in Verbundenheit mit allen – Mahl halten, Brot und Wein teilen. Jesus Christus hat alle eingeladen an seinen Tisch. Er hat uns eingeladen, Teil zu haben an der Liebe Gottes. Darum wollen wir gemeinsam Dank-Mahl halten. Dank, dass Gott zu den Menschen hält, von Anfang an und immer.
Im Matzen, das wir teilen, feiern wir die Zusage Jesu, dass seine Botschaft lebendig ist und wir, die vielen, sind zusammen ein Leib.

Mit dem Wein sagen wir Dank für unsere Gemeinschaft mit dem Leben Christi.
Lasst uns Mahl halten.
Auf einem Teller liegt Matzen. Eine Person schenkt jeweils am Tisch den Wein aus.

Lied: Brot, das die Hoffnung nährt

Dank und Verabschiedung

Segen

Wenn wir nun auseinandergehen, lasst uns ablegen, zurücklassen, alles, was uns beschwert: Enttäuschungen, Angst und Verzagtheit.
Dabei halten wir die Hände segnend zur Nächsten.
Gesegnet sei in uns das Verlangen, die Sehnsucht nach dem, was unsere Herzen heilt,
was unseren Hunger stillt und Frieden bringt.
So gehen wir nun zurück an unsere Orte, unsere Familien, verwandelt und gesegnet mit der Kraft, für Gottes Gerechtigkeit einzustehen.
Dazu segne uns – im Scheitern und Gelingen – Gott, uns Vater und Mutter,
Gott, in Jesus uns Bruder,
Gott, Geistkraft, die die Liebe in uns stärkt. Lasst uns gehen in Frieden und Freude!

Musik zum Abschluss

Maria 2.0 Nieder-Olm und kfd Diözesanverband Mainz e.V.

Schüttelt den Staub von euren Füßen – Agapefeier mit Bibelteilen

Musik zu Beginn

Begrüßung

Je nach örtlichen Gegebenheiten: Hinweis auf Hintergrund des Gottesdienstes, Aktion Maria 2.0 etc.

Eröffnung mit Kreuzzeichen

Lied: Wenn der Geist sich regt, der Leben schafft

Einleitung

Das Markusevangelium ist das älteste, ursprünglichste und kürzeste der vier Evangelien, entstanden um 70 nach Chr., in der Zeit der Tempelzerstörung. Nach altkirchlicher Überlieferung gilt der aus Jerusalem stammende Johannes Markus, evtl. Begleiter von Paulus, als Verfasser. Da die Botschaft Jesu zunächst mündlich überliefert wurde – bis auf eine Sammlung von Worten Jesu – (Q), gilt Markus als der Erfinder der Gattung »Evangelium«. Das war nötig geworden, da einmal die Zeitzeugen ausstarben, die neue Lehre sich gegen Irrlehren zu verteidigen hatte und das Christentum sich von der jüdisch-palästinensischen Welt für den hellenistisch-römischen Kulturraum öffnete. So sieht Markus die gute Nachricht zu allen Menschen gesendet und das Reich Gottes bricht an, wenn Menschen die unbedingte Liebe Gottes erfahren, umkehren und geheilt werden, wie auch in unserer heutigen Perikope ...

Gebet

Gott, Vater und Mutter, du versammelst uns hier, damit wir dein Wort hören und es mit dem Herzen hören, damit wir deine Gemeinschaft feiern, die alle Menschen umfasst, damit wir uns im gemeinsamen Mahl an dein Vermächtnis der Liebe erinnern. Du bist der Urgrund, der alles zusammenhält. Wir preisen dich und danken dir, heute und alle Tage. Amen.

Evangelium: MK 6,7–13

Wir hören aus dem Evangelium von Markus:

Jesus zog durch die benachbarten Dörfer und lehrte. In jener Zeit rief Jesus die Zwölf zu sich und sandte sie aus, jeweils zwei zusammen. Er gab ihnen Vollmacht über die unreinen Geister und er gebot ihnen, außer einem Wanderstab nichts auf den Weg mitzunehmen, kein Brot, keine Vorratstasche, kein Geld im Gürtel, kein zweites Hemd und an den Füßen nur Sandalen. Und er sagte zu ihnen: Bleibt in dem Haus, in dem ihr einkehrt, bis ihr den Ort wieder verlasst! Wenn man euch aber in einem Ort nicht aufnimmt und euch nicht hören will, dann geht weiter und schüttelt den Staub von euren Füßen, ihnen zum Zeugnis. Und sie zogen aus und verkündeten die Umkehr. Sie trieben viele Dämonen aus und salbten viele Kranke mit Öl und heilten sie.

Überleitung zum Bibelteilen

Aus der Kirche Lateinamerikas kenne wir seit den 70er-Jahren das Bibelteilen. Drei Merkmale machen das Bibelteilen so besonders: Es braucht keine Theologie (= Wissenschaft), um sich mit einem Bibeltext auseinandersetzen zu können, es reicht das eigene Leben als Erfahrungs- und Wissenshintergund.
Gott spricht zu jedem Menschen und jeder Mensch erfasst im Rahmen seiner / ihrer Möglichkeit, was Gott von ihm / ihr will.

Im Austausch / im Teilen unseres Glaubens mit anderen gehen uns die Augen auf und wir erkennen noch andere Zusammenhänge. Lasst uns das nun gemeinsam erleben.
Auf den Tischen liegt der Text des Evangeliums und eine kurze Anleitung in drei Schritten

»Bibelteilen« am Tisch

Gleichmäßig große Gruppen zu max. 12 Personen.
Wir verteilen uns an den jeweiligen Tischen.
Thesen und Bibeltext liegen auf dem Tisch mit Anleitung und drei konkreten Fragen:

1. Was hallt nach von diesem Evangelium? Woran bleibe ich hängen? Was ist für mich wichtig (einzelne Worte, ein Satz, mehrere kurze Sätze)? – Teilen Sie sich das gegenseitig mit.
2. Was empfinde ich, wenn ich das höre? – Wir teilen, was uns berührt, was jede*r empfindet, keine Diskussion, denn jede*r empfindet anders.
3. Was beutet das in der Konsequenz für mich? – Auch hier keine Diskussion, die Konsequenzen sind für jede*n anders, können nachher auch in den Fürbitten benannt werden.

Lied: Wes Geistes Kind seid ihr

Aussagen aus dem Bibelteilen

Stellvertretend sprechen zwei von uns.

1. Person mit großem Wanderstab (der sichtbar gezeigt wird):
Ich bin gesendet durch Jesus.
Ich habe Vollmacht durch ihn bekommen.
Ich bin zur Verkündigung aufgefordert und berufen.
Wir alle sind gesendet – nicht nur geweihte Männer.
Wir alle – jede und jeder im Rahmen seiner / ihrer Möglichkeiten.

2. Person mit Staubgefäß (beim Sprechen wird Staub/Sand ausgeschüttet):
»Wenn man euch aber in einem Ort nicht aufnimmt und euch nicht hören will, dann geht weiter und schüttelt den Staub von euren Füßen, ihnen zum Zeugnis.«
Ich fühle mich in unserer Kirche nicht gehört, nicht aufgenommen, nicht gleichwertig.
Ich will mich dadurch nicht in meiner Berufung beeinträchtigen lassen.
Ich will diesen Ballast, diesen Staub von meinen Füßen schütteln – ihnen zum Zeichen.
Ich bin verletzt durch Missachtung meiner Fähigkeiten, ich bin missbraucht durch Macht und ...
... ich schüttle diesen Staub von meinen Füßen

Aktion: Aufruf

Nehmt alle euren Wanderstab, der symbolisch steht für unsere Sendung.
Haltet ihn hoch – als Zeichen für die Welt: Wir alle sind Gesendete.
Und schüttelt den angesammelten Staub, der uns beschwert, der uns unfrei macht, der uns blockiert, ... ganz bewusst ab von euren Füßen. (Alle schütteln die Füße ab.)

Lied: Steh auf, bewege dich

Einladung zu freien Fürbitten

Darin einfließen können auch die Gedanken aus dem Bibelteilen
Hier kann auch symbolisch Staub abgeschüttelt oder der Wanderstab hoch gehalten werden.

Vaterunser

All unsere Bitten, die ausgesprochenen und die, die wir in unseren Herzen tragen, wollen wir in dem Gebet zusammenfassen, das Jesus uns gelehrt hat: Vater unser ...

Lied: Ich steige ein in das Leben

Überleitung zur Mahlgemeinschaft

Wir sind ausgesandt, wir brauchen Stärkung, wenn wir unterwegs sind – an den Orten, an denen wir Halt machen. Stärkung im Wort – Stärkung in der Gemeinschaft – Stärkung in Brot und Wein. Durch das Wort sind wir nun gestärkt und die Stärkung in der Gemeinschaft erleben wir gerade. Lasst uns nun Stärkung in Brot und Wein erfahren, eine Stärkung, die ganz konkret durch die Zeichen Jesu, durch ihn selbst, erfahrbar wird.

Auf einem Teller liegt Matzen.
Eine Person schenkt jeweils am Tisch den Wein aus.

Mahlgemeinschaft

Im Matzen, das wir teilen, feiern wir die Zusage Jesu, dass seine Botschaft lebendig ist und wir, die vielen, sind zusammen ein Leib. Mit dem Wein sagen wir Dank für unsere Gemeinschaft mit dem Leben Christi.
Wir machen es heute, wie Jesus es gemacht hat. Denn: Er nahm das Brot, sagte Dank und reichte es seinen Jüngern mit den Worten: Nehmet hin und esset.
Ebenso nahm er den Becher mit Wein, sagte Dank und reicht ihn seinen Jüngern mit den Worten: Nehmet hin und trinket. Tut dies zu meinem Gedächtnis!

Lasst uns Mahl halten in seinem Gedächtnis uns zur Stärkung!

Musik: Instrumental

Übergang zum Lied

Lied: Wenn wir das Leben teilen, wie das täglich Brot

Gebet

Das alles stärkt uns: Frohe Botschaft hören– Glauben teilen – Staub, der uns belastet abschütteln dürfen – Mahlgemeinschaft erleben – Zusage Jesu und Auftrag an uns alle.
Deshalb lasset uns beten:
Guter Gott,
wir machen dich oft so klein – uns ähnlich
aber du bist ganz anders, ohne Vorbehalte, ohne Grenzen, ohne Barrieren, das hast du uns – wie ein Blitzlicht – in Jesus gezeigt.
Du schenkst allen deine Liebe – ausnahmslos.
Du schickst allen deinen Hl. Geist, deine Geistkraft – ausnahmslos.
Du sendest uns alle – ausnahmslos.
Lass uns diese Kraft, die durch dich in unserer Mitte entsteht, erkennen, leben und der Welt verkünden.
Amen.

Verkündigungen

Ausblick, Dank, Verabschiedung, Einladung zu den kommenden Aktionen

Segensbitte mit Heilung und Salbung

»Sie trieben viele Dämonen aus und salbten viele Kranke mit Öl und heilten sie.« Dem Auftrag Jesu folgend wollen wir uns zum Abschluss dieses Gottesdienstes gegenseitig segnen und salben, als Zeichen dafür, dass wir alle gleichermaßen zur Nachfolge und zum priesterlichen Dienst in seinem Reich berufen sind.

*Segensbitte mit ausgestreckten Händen zur/zum Nachbar*in*

Gesegnet sei in uns das Verlangen, die Sehnsucht nach dem, was unsere Wunden und Herzen heilt, was unseren Hunger stillt und Frieden bringt.
So gehen wir nun zurück an unsere Orte, in unsere Familien, in unsere Lebens-Partnerschaften, verwandelt, gesegnet und gesendet mit der Kraft, für Gottes Plan, für Gottes Gerechtigkeit einzustehen.
Dazu segne uns – im Scheitern und Gelingen – Gott, uns Vater und Mutter,
Gott, in Jesus uns Bruder,
Gott, Geisteskraft, die die Liebe in uns stärkt.

Lasst uns gehen in Frieden und Freude!

Lied: We are marching in the light of god

Deutsch und Englisch

Zum Schluss Musik

Maria 2.0 Nieder-Olm

Nicht würdig genug für die Berufung? – Wort-Gottes-Feier

Vorbereitung: *8 Männer und Frauen um kurze Statements bitten (Was sind meine Erfahrungen mit der Kirche? Kann ich meine Berufung leben? Wie kann ich meine Berufung leben?) Texte werden auf max. DIN A5 hochkopiert. Gestaltete Mitte (in Kirche vor dem Altar) mit acht farbigen Tüchern in den Farben des Regenbogens.*

Text am Ambo

Artikel 3 des Grundgesetzes: Alle Menschen sind vor dem Gesetz gleich.
Männer und Frauen sind gleichberechtigt. Der Staat fördert die tatsächliche Durchsetzung der Gleichberechtigung von Frauen und Männern und wirkt auf die Beseitigung bestehender Nachteile hin. Niemand darf wegen seines Geschlechtes, seiner Abstammung, seiner Rasse, seiner Sprache, seiner Heimat und Herkunft, seines Glaubens, seiner religiösen oder politischen Anschauungen benachteiligt oder bevorzugt werden. Niemand darf wegen seiner Behinderung benachteiligt werden.

Text aus dem Off

»Das Gebot der Ehelosigkeit ist ein »Geschenk an die Kirche«, das nicht »optional« sein kann« – Papst Franziskus im Jahr 2019.

Kurze Stille

Text aus dem Off

Die katholische Kirche lehnt die Segnung homosexueller Paare ausdrücklich ab. Gott »kann Sünde nicht segnen«, hieß es in einer formalen Antwort der vatikanischen Glaubenskongregation auf die Frage, ob Geistliche gleichgeschlechtlichen Partnerschaften den Segen zusprechen könnten. In dem Dekret stand weiter, Homosexuelle seien mit Würde und Respekt zu behandeln. Allerdings seien homosexuelle Handlungen »intrinsisch gestört«. Die katholische Lehre betrachte die Ehe als lebenslange Verbindung zwischen Mann und Frau und als Teil von Gottes Plan, der zum Ziel habe, neues Leben hervorzubringen. Da gleichgeschlechtliche Partnerschaften nicht dazu bestimmt seien, Teil dieses Plans zu sein, könnten sie auch nicht von der Kirche gesegnet werden. – RedaktionsNetzwerk Deutschland 15.03.2012

Kurze Stille

Text aus dem Off

»Damit also jeder Zweifel bezüglich der bedeutenden Angelegenheit, die die göttliche Verfassung der Kirche selbst betrifft, beseitigt wird, erkläre ich Kraft meines Amtes, die Brüder zu stärken (vgl. Lk 22,32), dass die Kirche keinerlei Vollmacht hat, Frauen die Priesterweihe zu spenden, und dass sich alle Gläubigen der Kirche endgültig an diese Entscheidung zu halten haben.« – Johannes Paul II. im Jahr 1994

Kurze Stille

Text am Ambo

Aus dem Brief des Apostels Paulus an die Galater: Nun seid ihr alle zu Kindern Gottes geworden, weil ihr durch den Glauben mit Jesus Christus verbunden seid. Ihr gehört zu Christus, denn ihr seid auf seinen Namen getauft. Jetzt ist es nicht mehr wichtig, ob ihr Juden oder Griechen, Sklaven oder Freie, Männer oder Frauen seid: In Jesus Christus seid ihr alle eins. Gehört ihr aber zu Christus, dann seid auch ihr Nachkommen von Abraham. Als seine Erben bekommt ihr alles, was Gott ihm zugesagt hat.

Einzug: Instrumental

Lied zur Eröffnung: Jetzt ist die Zeit, jetzt ist die Stunde

Begrüßung und Liturgische Eröffnung

Dialog

Person A: Bisher haben mir fast alle Leute, denen ich von unserer Aktion hier erzählt habe, die Frage gestellt: Warum heißt das denn »Maria 2.0«?
Person: Es gibt da eine Legende über den heiligen Bernhard von Clairvaux. Er war ein glühender Verehrer der Muttergottes und soll eines Tages eine Marienerscheinung gehabt haben. Allerdings hat er Maria sofort befohlen, den Mund zu halten. Diese Erzählung beruft sich auf die Paulusstelle, in der den Frauen geboten wird, in der Kirche zu schweigen.
Natürlich ist das nur eine Legende, aber es fühlt sich doch irgendwie passend an. Deswegen ist auch auf der Homepage der Aktion die Maria mit dem zugeklebten Mund zu sehen.
Person A: Das ist schon eine krasse Geschichte. Aber ja, für mich fühlt es sich wirklich manchmal so an. Im Theologiestudium sitze ich in denselben Vorlesungen wie die Männer und lerne für dieselben Prüfungen. Und trotzdem haben die eine Wahl, nämlich Priester zu werden. Obwohl, auch nicht alle. Ich kenne bereits jetzt die ersten Priesteramtskandidaten, die das Seminar wegen einer Freundin verlassen haben. Manche davon wären bestimmt gute Pfarrer geworden. Ich muss ehrlich sagen, dass mich das manchmal mega frustriert.
Person: Ja, das Gefühl kenne ich. Ich habe einige Freunde, die sind Diakone. Klasse Menschen, mit denen ich schon tolle Urlaube verlebt habe. Aber es gibt mir immer einen Stich, wenn ich darüber nachdenke, dass ich nie eine Möglichkeit hätte, ebenfalls Diakon zu werden – unabhängig davon, ob ich es überhaupt wollte.
Person A: Aber ich will nicht nur jammern. Ich bin sehr, sehr dankbar, dass uns Pfarrer NN. heute die Kirche überlässt, damit wir hier zusammen Gottesdienst feiern können. Und für die vielen positiven Rückmeldungen von den Menschen hier aus der Gemeinde, einigen meiner Kommilitonen und auch Leuten, die eigentlich nichts mit der Kirche am Hut haben. Das gibt doch Mut, oder?

Person: Ja. Und ich denke, Mut brauchen wir aktuell eine Menge. Schließlich wollen wir etwas verändern, aber innerhalb der Kirche, die wir lieben. Deshalb auch die weißen Tücher. Sie stehen für die Trauer und das Mitgefühl, das wir allen entgegenbringen, denen unsere Kirche momentan unrecht tut; aber in erster Linie stehen sie für einen Neuanfang, den wir mitgestalten wollen.

Kyrie

Jesus Christus, vieles läuft schief in deiner Kirche. Aber wir dürfen nicht immer nur andere anklagen – auch wir gehören zu deiner Kirche und machen Fehler.
Liedruf: Kyrie 138
Jesus Christus, du hast auf die Menschen besonders geschaut, die zu deiner Zeit niemand beachtet hat und die keine oder wenig Rechte hatten – du hast Kinder in die Mitte gestellt und bist Frauen auf Augenhöhe begegnet.
Liedruf: Kyrie 138
Jesus Christus, in deiner Nachfolge zu leben ist nicht immer einfach. Manchmal fällt es uns schwer, alle Menschen als deine geliebten Kinder anzusehen.
Liedruf: Kyrie 138

Tagesgebet

Guter und gerechter Gott, wir sind heute hier zusammengekommen, um unserer Traurigkeit und unserem Protest Ausdruck zu geben. Viel zu viel ist in unserer Kirche in Schieflage geraten, viel zu lange haben wir geschwiegen und viel zu lange nur im Stillen geklagt. Viel zu lange haben wir uns damit begnügt, dass es halt schon immer so war, und uns mit den Gegebenheiten unserer Amtskirche abgefunden.
Wir bitten dich um den Geist des Mutes und der Erneuerung – für uns und für alle, die sich eine Veränderung in der Kirche wünschen. Amen.

Gloria: Ich lobe meinen Gott

Lesung: Apg 9,36–42

Lesung aus der Apostelgeschichte
In Joppe lebte eine Jüngerin namens Tabita, das heißt übersetzt: Dorkas – Gazelle. Sie tat viele gute Taten und gab reichlich Almosen. Es geschah aber: In jenen Tagen wurde sie krank und starb. Man wusch sie und bahrte sie im Obergemach auf. Weil aber Lydda nahe bei Joppe liegt und die Jünger hörten, dass Petrus dort war, schickten sie zwei Männer zu ihm und ließen ihn bitten: Komm zu uns, zögere nicht! Da stand Petrus auf und ging mit ihnen. Als er ankam, führten sie ihn in das Obergemach hinauf; alle Witwen traten zu ihm, sie weinten und zeigten ihm die Röcke und Mäntel, die Tabita gemacht hatte, als sie noch bei ihnen war. Petrus aber schickte alle hinaus, kniete nieder und betete. Dann wandte er sich zu dem Leichnam und sagte: Tabita, steh auf! Da öffnete sie ihre Augen, sah Petrus an und setzte sich auf. Er gab ihr die Hand und ließ sie aufstehen; dann rief er die Heiligen und die Witwen und zeigte ihnen, dass sie wieder lebte. Das wurde in ganz Joppe bekannt und viele kamen zum Glauben an den Herrn.

Antwortgesang: Here I am, Lord

Evangelium: Lk 1,26–38

Aus dem heiligen Evangelium nach Lukas
Im sechsten Monat wurde der Engel Gabriel von Gott in eine Stadt in Galiläa namens Nazareth zu einer Jungfrau gesandt. Sie war mit einem Mann namens Josef verlobt, der aus dem Haus David stammte. Der Name der Jungfrau war Maria. Der Engel trat bei ihr ein und sagte: Sei gegrüßt, du Begnadete, der Herr ist mit dir. Sie erschrak über die Anrede und überlegte, was dieser Gruß zu bedeuten habe. Da sagte der Engel zu ihr: Fürchte dich nicht, Maria; denn du hast bei Gott Gnade gefunden.

Siehe, du wirst schwanger werden und einen Sohn wirst du gebären; dem sollst du den Namen Jesus geben. Er wird groß sein und Sohn des Höchsten genannt werden. Gott, der Herr, wird ihm den Thron seines Vaters David geben. Er wird über das Haus Jakob in Ewigkeit herrschen und seine Herrschaft wird kein Ende haben. Maria sagte zu dem Engel: Wie soll das geschehen, da ich keinen Mann erkenne? Der Engel antwortete ihr: Heiliger Geist wird über dich kommen und Kraft des Höchsten wird dich überschatten. Deshalb wird auch das Kind heilig und Sohn Gottes genannt werden. Siehe, auch Elisabeth, deine Verwandte, hat noch in ihrem Alter einen Sohn empfangen; obwohl sie als unfruchtbar gilt, ist sie schon im sechsten Monat. Denn für Gott ist nichts unmöglich. Da sagte Maria: Siehe, ich bin die Magd des Herrn; mir geschehe, wie du es gesagt hast. Danach verließ sie der Engel.

Auslegung

Liebe Gemeinde, als ich zum ersten Mal von der Aktion Maria 2.0 gehört habe, war mein erster Gedanke: »Wieso wird Maria, die Mutter Jesu, in den Mittelpunkt dieser Initiative gestellt? Wieso Maria, die irgendwie auf einem Sockel steht, wunderschön prächtig und demütig? Entrückt der Welt ... Ich frage mich: Warum hat Gott ausgerechnet sie berufen? Weil sie ein hübsches junges und zurückhaltendes Mädchen war? Weil sie immer brav zu allem Ja und Amen gesagt hat? War Maria das wirklich? Oder ist sie nicht viel eher dazu gemacht worden – weil sie so besser ins Rollenbild passt und über Jahrhunderte das Frauenbild in der katholischen Kirche prägte? Ich glaube vielmehr, dass Gott Maria berufen hat, weil sie mutig und stark war, weil sie sich nicht den Mund hat verbieten lassen, weil sie standhaft war und sicherlich gesagt hat, was sie denkt.

Maria hat JA gesagt, den Willen des Herrn zu erfüllen und ihren Weg zu gehen. Es war ihre Berufung, der sie folgen durfte. Viele Menschen möchten ebenfalls uneingeschränkt ihrer Berufung folgen, sie möchten JA sagen, aber sie dürfen nicht – weil sie eine Frau sind, weil sie als Mann nicht gleichzeitig Priester sein können und eine Beziehung leben dürfen – weil sie geschieden und wiederverheiratet sind – weil sie in einer gleichgeschlechtlichen Beziehung leben ... Auch ich möchte meine Berufung leben.

Acht Frauen und Männer haben über ihre eigenen Erlebnisse mit und in der Kirche berichtet. Ich möchte Ihnen ihre Erfahrungen vorlesen.
Die Blätter mit dem Statements werden auf den Tüchern der gestalteten Mitte gelegt.
Kurze Stille

Credo: Ich glaub' an einen Gott, der singt

Fürbitten

Jesus Christus, du bist unser Bruder. Du warst mit deinem Leben Vorbild für uns, denn du hast dich für ALLE Menschen eingesetzt und keine Unterschiede gemacht.
Wir blicken deine Kirche an und sind enttäuscht, frustriert und ratlos. Unsere Kirche braucht Veränderung, damit deine Frohe Botschaft die Menschen erreicht.
Deshalb bitten wir dich: Sende aus deinen Geist, wir brauchen dich. – *Alle:* Sende aus deinen Geist, wir brauchen dich.
Einladung zu freien Fürbitten (vom Platz aus / Mikro!)

Gott, der du uns Vater und Mutter bist – erhöre unsere Bitten und sende aus deinen Geist. Wir brauchen dich!
Am Ende der Fürbitten sprechen alle: Sende aus deinen Geist – und das Antlitz der Erde wird neu.

Vaterunser

Erhöre unsere Bitten, Vater, und wache über uns. Aber nicht unser eigener, sondern Dein Wille geschehe, denn wir vertrauen Dir, guter Gott, von ganzem Herzen. So wollen wir uns jetzt an den Händen fassen und gemeinsam zu Dir beten, das Gebet, dass Du selbst uns gelehrt hast.

Friedensgruß

Von ganzem Herzen bitten wir Dich, Herr Jesus Christus, um Deinen Frieden. Auch wenn die Welt voller Hass, Krieg und Gewalt ist und Deine Kirche von Uneinigkeit zerrissen ist, wissen wir, dass Du uns Deinen Frieden schenkst. Du hast uns zugesagt: »Frieden hinterlasse ich euch.« Dieser Friede sei allezeit mit uns. Geben wir einander ein Zeichen des Friedens und der Versöhnung.

Lied: Hewenu shalom alechem

Schluss

An sehr, sehr vielen Orten in Deutschland und darüber hinaus stehen Menschen heute und in der kommenden Woche für eine geschwisterliche Kirche auf. Ich weiß nicht, ob es etwas bewirken wird und wenn ich ehrlich bin, bin ich eher skeptisch. Meine Gefühlslage wechselt zwischen Zorn, Ärger und tiefer Traurigkeit. Ich bin traurig, weil wir Frauen wohl in den Augen unserer Bischöfe und des Papstes nicht würdig genug sind, Diakonin oder Priesterin zu sein – wir bekommen noch nicht einmal die Chance – und das nur aus einem einzigen Grund: weil wir Frauen sind. Zwei Frauen oder zwei Männer, die sich lieben, sind wohl nicht würdig genug, um den kirchlichen Segen für ihre Beziehung zu empfangen.
Ein Priester, der aus dem Zölibat seine Kraft schöpft, ist würdig genug, seine Berufung zu leben – ein Priester, der die gleiche Kraft

aus einer Beziehung schöpfen möchte, ist nicht würdig genug. Aber zu sehen und zu spüren, wie diese Welle des Protestes übergeschwappt ist, wie viele Frauen und Männer sich solidarisiert haben – das gibt dann wieder ein Fünkchen Hoffnung, dass wir gemeinsam vielleicht doch etwas bewirken können. Wir müssen nur immer wieder aufstehen.

Ich bin sicher, wäre Jesus heute hier, würde er auch zu uns – wie Petrus zu Tabita – sagen: »Steht auf – steht endlich auf!« Ihr habt von Gott alle die gleiche Würde erhalten – und nur das zählt! Und daher werden und müssen wir wieder aufstehen. Wir müssen dranbleiben – für den Traum einer geschwisterlichen Kirche, die niemanden ausgrenzt. Denn es reicht! Unsere Geduld ist fast am Ende.

Verabschiedung und Segen

HERR, unser Gott, wir bitten um Deinen Segen, wenn wir jetzt diesen Gottesdienst beenden und gemeinsam in die Welt gehen.
Geh uns voran, damit wir den richtigen Weg finden.
Sei uns nahe, Vater, damit wir Deine Liebe spüren.
Segne uns, denn ohne Dich können wir nichts verändern.
Schenke uns ein Herz voller Liebe,
einen starken Geist und eine mutige Seele.
Schenke uns Deinen Heiligen Geist, dreifaltiger Gott,
damit wir Dir dienen, so wie Du es von uns willst.
(beide:) So segne uns alle der gute und allmächtige Gott, der Vater und der Sohn und der Heilige Geist. Amen.

Gehen wir und bringen wir den Frieden!

Schlusslied: Mit meinem Gott spring ich über Mauern

Maria 2.0 Nieder-Olm

In unserer Kirche haben alle teil am Sendungsauftrag. Macht wird geteilt! – Aktion Maria 2.0

Gong zur Begrüßung

Oder Wecker / Ähnliches

Lied: Jetzt ist die Zeit, jetzt ist die Stunde

Persönliche Statements

Statements erzählen vom eigenen Sendungsauftrag bzw. den Wünschen. Themen: Gleichberechtigung, Homosexualität, wiederheiratete Geschiedene, Macht.
Nach jedem persönlichen Statement ertönt eine Stimme aus dem Off.

Gleichberechtigung

Nach dem Statement: Stimme aus dem Off:
Gott ist als Mann auf die Welt gekommen. Jesus hat nur Männer als seine Jünger in die Nachfolge gerufen und sie ausgesandt. Deshalb ist die Weihe den Männern vorbehalten. Jeder, der einer Frau die heilige Weihe zu spenden versucht, wie auch die Frau, welche die heilige Weihe zu empfangen versucht, zieht sich die dem Apostolischen Stuhl vorbehaltene Exkommunikation als Tatstrafe zu.

Erwiderung:
Ihr seid alle Kinder Gottes, weil ihr durch den Glauben mit Christus Jesus verbunden seid. Denn ihr alle habt in der Taufe Christus angezogen. Und durch sie gehört ihr nun zu ihm. Es spielt keine Rolle mehr, ob ihr Juden seid oder Griechen, Sklaven oder freie Menschen, Männer oder Frauen. Denn durch eure Verbindung mit Christus Jesus seid ihr alle wie ein Mensch geworden.

Lied: Steh auf, bewege dich

Homosexualität

Nach dem Statement: Stimme aus dem Off:
Es ist nicht erlaubt, Beziehungen oder selbst stabilen Partnerschaften einen Segen zu erteilen, die eine sexuelle Praxis außerhalb der Ehe (das heißt außerhalb einer unauflöslichen Verbindung eines Mannes und einer Frau, die an sich für die Lebensweitergabe offen ist) einschließen, wie dies bei Verbindungen von Personen gleichen Geschlechts der Fall ist.

Erwiderung:
Ihr seid alle Kinder Gottes, weil ihr durch den Glauben mit Christus Jesus verbunden seid. Denn ihr alle habt in der Taufe Christus angezogen. Und durch sie gehört ihr nun zu ihm. Es spielt keine Rolle mehr, ob ihr Juden seid oder Griechen, Sklaven oder freie Menschen, Männer oder Frauen. Denn durch eure Verbindung mit Christus Jesus seid ihr alle wie ein Mensch geworden.

Lied: Steh auf, bewege dich

Verkündigung

Nach dem Statement: Stimme aus dem Off:
Es steht im Kirchenrecht geschrieben: Unter den Formen der Predigt ragt die Homilie hervor, die Teil der Liturgie selbst ist und dem Priester oder dem Diakon vorbehalten wird; in ihr sind das Kirchenjahr hindurch aus dem heiligen Text die Glaubensgeheimnisse und die Normen für das christliche Leben darzulegen.

Erwiderung:
Ihr seid alle Kinder Gottes, weil ihr durch den Glauben mit Christus Jesus verbunden seid. Denn ihr alle habt in der Taufe Christus angezogen. Und durch sie gehört ihr nun zu ihm. Es spielt keine Rolle mehr, ob ihr Juden seid oder Griechen, Sklaven oder freie

Menschen, Männer oder Frauen. Denn durch eure Verbindung mit Christus Jesus seid ihr alle wie ein Mensch geworden.

Lied: Steh auf, bewege dich

Wiederverheiratete Geschiedene

Nach dem Statement: Stimme aus dem Off:
Die gültige und vollzogene Ehe kann durch keine menschliche Gewalt und aus keinem Grunde, außer durch den Tod, aufgelöst werden.

Erwiderung:
Ihr seid alle Kinder Gottes, weil ihr durch den Glauben mit Christus Jesus verbunden seid. Denn ihr alle habt in der Taufe Christus angezogen. Und durch sie gehört ihr nun zu ihm. Es spielt keine Rolle mehr, ob ihr Juden seid oder Griechen, Sklaven oder freie Menschen, Männer oder Frauen. Denn durch eure Verbindung mit Christus Jesus seid ihr alle wie ein Mensch geworden.

Lied: Steh auf, bewege dich

Maria 2.0

Nach dem Statement: Stimme aus dem Off:
Die Tradition der Kirche ist von besonderer Bedeutung. Deshalb sind die Aktionen von Maria 2.0 nicht hilfreich. Der Papst und die Bischöfe entscheiden über den Weg der Kirche.

Erwiderung:
In Canon 212 des Kirchenrechts steht über Rechte und Pflichten der Gläubigen: »Entsprechend ihrem Wissen, ihrer Zuständigkeit und ihrer hervorragenden Stellung haben sie das Recht und bisweilen sogar die Pflicht, ihre Meinung in dem, was das Wohl der Kirche angeht, den geistlichen Hirten mitzuteilen.«

Lied: Steh auf, bewege dich

Abschluss

Dank, Einladung, Informationen

Maria 2.0 Nieder-Olm

Wer unter dem Schirm Gottes sitzt – Segnungsgottesdienst für alle

Lied zur Eröffnung: Suchen und Fragen

Begrüßung und Einführung

Anfang März 2021 entstand aufgrund des erneut bestätigten Segnungsverbots von homosexuellen Paaren die Initiative #liebegewinnt. Viele haben sich im vergangenen Jahr dem Aufruf, jetzt erst recht Segnungsgottesdienste zu feiern, angeschlossen. Und auch heute – oder um den 10. Mai herum – werden an ca. 75 Orten Segnungsgottesdienste gefeiert. Wenn ich ehrlich bin – es könnten deutlich mehr sein. Eigentlich frage ich mich, warum nicht in allen Gemeinden dazu eingeladen wird.
Wie auch immer – schön, dass Sie, dass ihr heute hier seid, um euch segnen zu lassen – ob alleine, ob zu zweit, ob als Familie. Euch segnen zu lassen und euch somit die Gegenwart Gottes zusagen zu lassen.

Kyrie mit Liedruf GL 155

Gebet

Gott der Liebe, da sind wir: Vor dir, voreinander und vor uns selbst. Wir sind hier mit unserem Leben, mit unseren ganz persönlichen Lebensgeschichten, in unseren Lebensbeziehungen. Du hast uns ins Leben gerufen und uns befähigt, einander zu mögen, zu achten, zu ehren und zu lieben. Gib uns dazu immer wieder die Kraft – auch dann, wenn es schwierig scheint. Und lass uns nicht vergessen, dass wir uns selbst ebenfalls achten, ehren und lieben sollen. Darum bitten wir dich durch Jesus Christus, unseren Bruder, Amen.

Psalm 91

Wer unter dem Schirm Gottes sitzt
und unter dem Schatten des Allmächtigen bleibt,
der kann zum Herrn sagen:
Du bist meine Zuversicht,
du bist mein Gott, auf den ich hoffe.

Denn unter den Flügeln Gottes wirst du Zuflucht haben.
Gottes Güte ist wie ein Schirm.
Du musst dich nicht erschrecken vor schlaflosen Nächten
und keine Angst haben
vor Pfeilen, die andere tagsüber auf dich abschießen.

Denn bei Gott ist deine Zuversicht,
bei Gott, dem Höchsten, findest du Zuflucht.
Er behütet dich auf deinen Wegen.
Er liebt dich. Er beschützt dich.
Wenn du zu ihm rufst, wird er dich erhören.

Wer unter dem Schirm Gottes sitzt
und unter dem Schatten des Allmächtigen bleibt,
der kann zum Herrn sagen:

Du bist meine Zuversicht,
du bist mein Gott, auf den ich hoffe.

Gedanken zum Psalm

Der Psalm, den wir gerade gehört haben, gehört zu den bekanntesten Texten aus dem Alten Testament. Ich sag es ganz ehrlich ... ich kann mit Psalmen eigentlich nicht allzu viel anfangen. Aber es geht mir dann wie so oft – wenn ich mich etwas intensiver mit einem Text auseinandersetze, erkenne ich schon einiges, das beim schnellen Drüberlesen verborgen bleibt. Heute geht es aber überhaupt nicht darum, diesen Text großartig auszulegen oder zu beleuchten, denn heute soll die Segnung im Mittelpunkt stehen, Bei der Vorbereitung sind wir eigentlich relativ schnell darauf gekommen, dass dieser Psalm genau zur Segnung passt, denn er drückt in besonderer Weise Zuversicht und Hoffnung aus. Und genau das ist es ja, was uns beim Segen zugesprochen wird. Im Segen kommt Gott uns ganz nahe, Segen können wir als Kraftquelle Gottes erleben, die uns quasi von anderen Menschen übermittelt wird.
Der Segen Gottes spannt sich wie ein Schirm über uns. Wir können sicher sein.
Wirklich? Ist es so einfach? Wir haben es sicherlich alles schon mal erlebt – es regnet in Strömen, wir müssen unbedingt raus, holen den Schirm aus dem Schrank und wollen ihn aufspannen ... und es funktioniert nicht. Er ist kaputt. Oder der Schirm ist schon einige Zeit alt und der Stoff mittlerweile dünn, was zur Folge hat, dass Wasser durchkommt. Dann bleibt eigentlich nichts anderes als ihn in den Müll zu werfen. Ein Schirm, der nicht schützt, verfehlt sein Sinn und taugt nichts.

Manchmal könnte man sich schon die Frage stellen, ob Gottes Schirm nicht auch Löcher hat und leckt.
Da heißt es: Du musst dich nicht erschrecken
vor schlaflosen Nächten und keine Angst haben
vor Pfeilen, die andere tagsüber auf dich abschießen.

Ich erschrecke sehr wohl, wenn mir die aktuelle Situation in der Ukraine und das nicht enden wollende Leid ab und zu den Schlaf raubt. – Ich erschrecke sehr wohl, wenn ich sehe, wie in Afghanistan Frauen und Mädchen immer mehr unterdrückt werden und ihnen jegliches Recht auf Bildung und Eigenständigkeit von den Taliban abgesprochen wird. – Ich erschrecke sehr wohl und immer wieder, wenn ich erleben muss, wie unsere Kirche immer noch Menschen ausgrenzt und ihnen offiziell den Zugang zu den Sakramenten verweigert, weil sie in den Augen der Amtskirche in »Sünde« leben.
Ich habe sehr wohl Angst, wenn Menschen, die mir nahestehen, krank werden. Und ich habe auch selbst oft Angst – vor vielem. Mal mehr mal weniger.

Und dann frage ich mich schon: Wo ist nun der Schutz Gottes? Sind es nur leere Worte? Warum spüre ich manchmal so wenig und warum passiert das überhaupt? Ich habe darauf keine Antwort – wir alle wissen, dass es letztendlich auf die Frage nach dem Warum keine zufriedenstellende Antwort gibt. Taugt Gottes Schutz und Segen daher so wenig wie ein Regenschirm, der Löcher hat? Ist er sinnlos?

Nein – denn auch wenn ich keine Antwort auf die Frage nach dem Warum bekomme, auch wenn ich oft erschrecke und Angst habe, habe ich gleichzeitig immer wieder – oft im Nachhinein – erfahren, dass Gott mich beschützt und beschirmt hat. Vielleicht anders als ich es mir gedacht habe, vielleicht nicht direkt und unmittelbar – und doch war und ist er da ...
... in den Menschen, die mich begleiten und für mich da sind,
... in den Menschen, die sich für den Frieden in der Welt einsetzen und Hoffnung geben.
... in den Menschen, die mit mir und uns zusammen die Missstände in der Kirche immer wieder laut aussprechen und »gleiche Rechte – gleiche Würde« – fordern.

... in den Menschen, die sich nicht von Segnungsverboten aus Rom einschüchtern lassen, sondern immer wieder den Menschen in den Mittelpunkt stellen.
Diese Menschen machen mir deutlich, Gott hält sein Versprechen – immer!

Segnung

Segnen heißt: Gutes sagen, gut sprechen – zu anderen und über andere.
Alle Menschen haben das Recht, anderen etwas Gutes zu sagen.
Und alle Menschen haben das Recht darauf, Gutes zugesagt zu bekommen und Gutes zu hören – unabhängig von Herkunft, Geschlecht, Nationalität, Aussehen, Religion oder sexueller Orientierung.

Einladung an alle, sich den Segen Gottes zusagen zu lassen – für sich selbst, für ein besonderes Anliegen, für die Partnerschaft, ... zwei Regenbogenschirme als Symbol.
Währenddessen Liedeinspielung: Hab auf uns acht (Martin Buchholz).

Lied: Komm, Herr, segne uns

Fürbitten

Gott, Krieg, Gewalt und Terror sind Alltag für viele Menschen.
Wir bitten dich um Frieden und Versöhnung zwischen verfeindeten Völkern und Volksgruppen, zwischen Religionen und Weltanschauungen, zwischen Armen und Reichen.
Herr, erhöre unser Gebet. –
Und lass unser Rufen zu dir kommen.

Alle Menschen haben ihre ganz eigenen Sorgen und Nöte. Von vielen ahnen wir nicht einmal etwas, andere Menschen brauchen ganz offensichtlich Hilfe. Wir bitten dich um Kraft und Trost für

alle Menschen, die nicht mehr wissen, wie es weitergehen soll.
Herr, erhöre unser Gebet. –
Und lass unser Rufen zu dir kommen.

Gott, wir sorgen uns auch um unsere Kirche. Wir ringen um sie als Heimat, da sie als Verkünderin deiner Frohen Botschaft eine so wichtige Rolle in unserer Welt spielen kann und sollte. Doch verschwindet diese Botschaft hinter einer erschreckenden Wirklichkeit von Machtausübung, Diskriminierung und kriminellen Handlungen gegenüber Schutzbefohlenen. Gott, sende unserer Kirche deinen Geist des Aufbruchs, der Offenheit und der wahren Liebe, eine Liebe, die niemanden ausschließt, die nicht missbraucht und sich nicht für falsche Botschaften missbrauchen lässt.
Herr, erhöre unser Gebet. –
Und lass unser Rufen zu dir kommen.

Gott, so viele Menschen werden in unserer Kirche und unserer Gesellschaft an den Rand gedrängt und ausgeschlossen, diskriminiert und unterdrückt. Wir bitten dich für diese Menschen.

Freie Fürbitten

Vaterunser

Friedensgruß

Friedenslied: Unfriede herrscht auf der Erde

Schlussmeditation

In unserer Kirche, im Morgen,
wird das Wort Jesu nicht nur verkündet, sondern auch gelebt.
Wird der Mensch, jeder so, wie er ist, geliebt.
Wird getanzt und gelacht und gefeiert. Wird das Brot geteilt und das Leid.

Wird der Wein geteilt und die Freude. In dieser Kirche, im Morgen,
siegen Mut und Liebe, Barmherzigkeit und Mitgefühl
über Angst und Machtgier, Ausgrenzung und Selbstmitleid.
In dieser Kirche, im Morgen, sind
Frau und Mann, Kind und Greis, Homo und Hetero,
Arm und Reich
gebunden und ungebunden, zusammen und allein.
Willkommen an jedem Ort und willkommen in jeder Berufung.
Willkommen als lebendiger Widerschein von Gottes liebendem Blick.

Andrea Voß-Frick

Segen für alle

Lebendiger Gott, segne uns.
Segne unsere Augen, damit wir jeden Menschen freundlich ansehen, der uns begegnet.
Segne unsere Ohren, damit wir den Schrei unserer notleidenden Mitmenschen hören.
Segne unseren Mund, damit wir Gutes zu anderen und über andere sagen.
Segne unser Herz und erfülle uns mit großer Liebe zu dir und den Menschen.
Segne unsere Hände, damit wir dort helfen, wo wir gebraucht werden.
Segne unsere Füße, damit wir in Jesu Spuren gehen.
So segne uns, du, liebender Gott,
der Vater und der Sohn und der Heilige Geist.

Schlusslied: Bewahre uns, Gott

Maria 2.0 im Bistum Mainz

Ich wollte, es würde brennen – Wort-Gottes-Feier zu Lk 12,49–53

Hinweis: Die Wort-Gottes-Feier hat die Texte vom 20. Sonntag i. Jk. Lesejahr C.

Eingangslied: GL 446 »Lass uns in deinem Namen«

Liturgischer Gruß

Im Namen des Vaters und des Sohnes und des Heiligen Geistes. – Alle: Amen.

Einführung

Das Feuer ist ein mächtiges Element. Es hält unsere Welt am Laufen, aber es kann auch eine ungeheure Zerstörungswut entfachen. Wir hören heute ungewöhnliche Worte aus dem Mund Jesu. »Ich bin gekommen, um Feuer auf die Erde zu werfen. Wie froh wäre ich, es würde schon brennen! Meint ihr, ich sei gekommen, um Frieden auf der Erde zu bringen? Nein, sage ich euch, sondern Spaltung.« Das Feuer, von dem Jesus redet, ist das Feuer der Liebe. Die Liebe als ein Feuer, das uns am Leben hält, zugleich aber auch zerstören kann. Diesem Mysterium wollen wir auf den Grund gehen. Bitten wir dazu den Herrn in unsere Mitte.

Kyrie

Herr Jesus Christus, du bist gekommen, um uns das Feuer deiner Liebe zu bringen. – Herr, erbarme dich.
Dein Feuer bringt Leben, aber auch Läuterung. – Christus, erbarme dich.
Du bist die Quelle aller Liebe. – Herr, erbarme dich.

Eröffnungsgebet

Barmherziger Gott, was kein Auge geschaut und kein Ohr gehört hat, das hast du denen bereitet, die dich lieben. Gib uns ein Herz, das dich in allem und über alles liebt, damit wir den Reichtum deiner Verheißungen erlangen, der alles übersteigt, was wir ersehnen. Darum bitten wir durch Jesus Christus.

Erste Lesung: Jer 38,4–6.7a.8b–10

Psalm: Ps 40 (39), 2–3b.3c–4b.18 (KV: GL 307,5)

Zweite Lesung: Hebr 12,1–4

Ruf vor dem Evangelium

Halleluja. Halleluja.
(So spricht der Herr:)
Meine Schafe hören auf meine Stimme;
ich kenne sie und sie folgen mir.
Halleluja.

Evangelium: Lk 12,49–53

Auslegung

Liebe Gemeinde, dieses Evangelium ist immer wieder eine Zumutung. Das ist nicht der Jesus, dem wir so gerne zuhören, wie er über die Liebe redet, über die Kleinen, die einmal die ganz Großen sein werden, über die Ausgegrenzten, die an seiner Festtafel einen Platz haben ... Und doch, wenn wir ganz ehrlich sind: Die Wahrheit dieser Worte, die wir heute gehört haben, ist uns im Alltag viel vertrauter als jene andere, die schöne.

Erinnern wir uns an die Initiative »OutinChurch«, die im Frühjahr 2022 durch die Presselandschaft fegte. Ein »Erdbeben« für die Kirche, so konnte man lesen und hören. Was war geschehen? Einige von den vielen, die zu den Ausgegrenzten gehören, hatten es gewagt, in aller Öffentlichkeit zuzugeben, dass sie sich längst heimlich, still und leise ihren Platz an der Tafel des Herrn erschlichen hatten. Sie deckten auf, dass die Kirche – ein Glück! – schon längst und schon immer bunt und vielfältig ist und war, dass sie dann doch näher am Reich Gottes ist, als sie zugeben wollte. Ein Erdbeben? Nun ja, dass dieses Outing solche Wellen schlug, zeigt vor allem, dass uns die Realität der Ausgrenzung und Spaltung viel vertrauter ist als die schönen Vorstellungen vom Reich Gottes, in dem alle ihren Platz haben.

»Meint ihr, ich sei gekommen, um Frieden auf der Erde zu bringen? Nein, sage ich euch, sondern Spaltung.« Es ist traurig, aber wahr.
Jesus wusste um das Grundproblem der menschlichen Verfasstheit. Sobald wir uns zu Gemeinschaften zusammenschließen, bilden wir Grenzen und Machtstrukturen. Beides braucht es, um eine Gemeinschaft zu bilden. Die Grenzen machen klar, wer dazu gehört und wer nicht. Die Machtstrukturen sorgen für das Gelingen des Miteinanders. Beides sind natürliche Mechanismen, die in der gesamten Schöpfung Gottes wirken und die ihren Sinn haben. Doch hat Gott uns Menschen mehr mitgegeben. Wir haben die Fähigkeit der freien Entscheidung und die Fähigkeit der Liebe. Die Fähigkeit der freien Entscheidung erhebt uns über das reine Funktionieren nach natürlichen Instinkten. Wir können uns bewusst gegen das Natürliche oder das Vernünftige entscheiden. Das unterscheidet uns von allen anderen Geschöpfen Gottes. Kein Tier käme auf die Idee, sämtliche Tiere benachbarter Reviere zu töten, um das eigene Revier weit über die Grenzen des Notwendigen hinaus zu vergrößern.

Darum hat Gott uns neben der freien Entscheidung auch ihren notwendigen Gegenpol mit auf den Weg gegeben: die Fähigkeit zu lieben. Nur aus der Liebe heraus nutzen wir unsere Freiheit zum Erhalt der ganze Schöpfung und nicht ausschließlich zu unserem eigenen Wohl. Uns daran zu erinnern, ist Jesus in unser Leben getreten und hat uns vorgelebt, was die Liebe vermag. Er hat uns vorgelebt, was die Liebe Gutes vermag. Aber er hat uns auch gezeigt, was sie dort bewirkt, wo sie auf festgefügte Machtstrukturen stößt. Das Feuer der Liebe ist der größte Feind dieser Machtstrukturen. Sie brauchen die Ausgrenzung, die Liebe erträgt keine Ausgrenzung. Machtstrukturen brauchen ein Oben und ein Unten. Die Liebe kennt nur das Gegenüber. Wo die Liebe auf Macht stößt, passiert genau das, was Jesus uns im heutigen Evangelium ankündigt: Festgefügte Strukturen zerbrechen, es kommt zu Spaltung. Die Liebenden werden zu Verfolgten. Die Liebenden, sie stellen eine Gefahr dar für die Mächtigen. Dort, wo das Feuer der Liebe entflammt, muss sich jeder Einzelne, jede Einzelne entscheiden.

Eine Gemeinschaft Liebender zu gründen, heißt, sich auf einen anstrengenden Weg zu machen. Eine Gemeinschaft, die auf die bewährten Machtstrukturen setzt, funktioniert viel reibungsloser, daher ist sie an vielen Stellen auch sinnvoll und sogar notwendig. Wenn jedoch allein die Liebe das Verbindende einer Gemeinschaft ist, dann geht das nicht ohne Reibung, im Gegenteil! Die Auseinandersetzung mit den Bedürfnissen des und der anderen, das Einstehen für die eigenen Bedürfnisse, das ständige miteinander Abwägen, das Ertragen des Andersseins der anderen, das miteinander Reden und Ringen um die Lösung, bei der wirklich alle eingeschlossen sind und profitieren ... all diese Dinge sind mühsam, aber sie sind Grundlage einer Gemeinschaft, die durch das Band der Liebe zusammengehalten wird.

Eine solche Gemeinschaft muss jede Menge Zwietracht ertragen! Wer sich eine Gemeinschaft Liebender als einen Hort der Einmütigkeit, der permanenten Harmonie und des Friedens vorstellt, der überschätzt die Menschen. Das mag im Reich Gottes so aussehen, auf Erden ist die Liebe eine echte Herausforderung. Denn wir Menschen sind beides, wir sind aufgrund unserer Fähigkeit zu lieben ein wenig göttlich, zugleich sind wir als Teil des Organismus Schöpfung auch Wesen, die durch ihre Überlebensinstinkte gelenkt werden. Liebende sind Menschen, die in ständiger Auseinandersetzung mit ihrem Egoismus stehen. Sie müssen immer wieder abwägen und mit sich selbst diskutieren. Und als Gemeinschaft tun sie dasselbe. Abwägen, diskutieren, gemeinsam Lösungen und Wege suchen. Keinen abhängen, alle einbeziehen, alles ertragen und dennoch so, dass sich alle selbst treu bleiben. Das Feuer der Liebe bringt wahrlich keine Friede–Freude–Eierkuchen-Idylle auf die Erde. Liebe ist anstrengend.

Doch sie ist der einzige Weg zum Heil. »Wie froh wäre ich, es würde schon brennen!« Diese Worte Jesu passen gut in unsere Zeit. Denn so wie es aussieht, brennt es endlich wieder einmal, dieses verzehrende Feuer der Liebe. Der Synodale Weg, Maria2.0, OutInChurch – das alles sind Versuche, die festgefahrenen Machtstrukturen der Kirche zu lockern und wieder durchlässig zu machen für die Liebe. Und sogleich rufen die Mahner und Bewahrer der Macht: Achtung, Spaltung! Nun, dann darf man ihnen getrost das Wort Jesu entgegenhalten: »Ich bin gekommen, um Feuer auf die Erde zu werfen. Wie froh wäre ich, es würde schon brennen! Meint ihr, ich sei gekommen, um Frieden auf der Erde zu bringen? Nein, sage ich euch, sondern Spaltung.« Amen.

Predigtlied: GL 437 »Meine engen Grenzen«

Glaubensbekenntnis: GL 3,4

Wir sprechen gemeinsam das Apostolische Glaubensbekenntnis.

Friedenszeichen

Frieden ist der Boden, auf dem die Liebe wächst. Geben wir einander ein Zeichen dieses Friedens.

Kollekte

Frieden ermöglichen heißt auch: Miteinander teilen ... (Ansage des Kollektenzwecks).

Lobpreis: GL 670H

Fürbitten

Vertrauen wir gemeinsam unsere Bitten Gott an. Als Ruf nach jeder Fürbitte sprechen wir: Sende ihnen deinen Geist der Liebe.

Für alle, die als Mitglieder des Synodalen Wegs nach einem guten Weg in die Zukunft der Kirche suchen. – Herr, unser Gott: (Alle:) Sende ihnen deinen Geist der Liebe.
Für alle, die sich mit der Initiative Maria2.0 verbunden wissen. – Herr, unser Gott ...
Für alle, die gläubiger Teil unserer Kirche sein wollen, aber ausgeschlossen werden oder sich ausgeschlossen fühlen. – Herr, unser Gott ...
Für alle Diakone, Priester und Bischöfe, deren Aufgabe es ist, die Kirche durch alle Zeiten hindurch zu führen und zu einen. – Herr, unser Gott ...
Für unseren Papst Franziskus, in dessen Amt Macht und Liebe vereint werden. – Herr, unser Gott ...
Für alle, die den Weg im Glauben und in der Liebe vor uns gegangen sind und jetzt ihre ewige Erlösung beim Vater im Himmel gefunden haben. – Herr, unser Gott.

All unsere Bitten fassen wir im Gebet des Herrn zusammen.

Vaterunser

Danklied: GL 451 »Komm, Herr, segne uns«

Segensbitte

So wollen wir den Herrn um seinen Segen bitten: Der Segen des allmächtigen Gottes, des Vaters und des Sohnes und des Heiligen Geistes, komme auf uns herab und bleibe bei uns allezeit. – *Alle:* Amen.

Entlassung

Singet Lob und Preis.
Alle: Dank sei Gott, dem Herrn.

Martina Jung

Predigten

Zeit zum Entkalken – Frauenpredigt zum 4. Advent

(Maria Heimsuchung und Maria 2.0, Lk 1,39–45)

Im Evangelium haben wir von zwei schwangeren Frauen gehört, die sich begegnen. Maria hat gerade erst erfahren, dass sie schwanger ist. Ihre Cousine Elisabeth ist bereits ziemlich am Ende ihrer Schwangerschaft. Als Maria, die den Sohn Gottes schon in sich trägt, ins Haus von Elisabeth und Zacharias kommt, gibt es da jemanden, der sofort begreift: Hier kommt Gott in die Welt! Am liebsten würde er deshalb vor Freude in die Luft springen. Weil das aber im Bauch der Mama nicht ganz so gut geht, wird daraus nur ein heftiges Strampeln! Oder wie es Elisabet selbst es formuliert: Das Kind hüpfte vor Freude in meinem Leib!
Also, da freut sich jemand ganz heftig über diese Schwangerschaft! Und das ist ja eine ganz normale Reaktion auf die Mitteilung, dass ein Baby unterwegs ist! In der Regel ist die Freude groß, wenn sich in der Familie Zuwachs ankündigt! Und in unserem Fall kommt mit diesem Kind sogar Gott in die Welt. Da müsste die Freude auf dieses Kind ja doppelt groß sein!

Also wie reagieren wir Christen nun auf die freudige Botschaft der Geburt dieses göttlichen Kindes? Wir rufen eine Bußzeit aus mit vielen Buß- und Beichtangeboten! Ich habe wirklich nichts gegen das Bußsakrament! Aber: Wir sprechen hier von Weihnachten! Wir feiern einen Geburtstag. Wer kommt denn zu einer Geburtstagsfeier in Sack und Asche? Gott kommt in die Welt. Jesus wird geboren. Ich glaube ganz fest: Gott will, dass wir uns zusammen mit ihm freuen! Ich glaube, Gott hätte nichts dagegen, wenn wir – wie ein kleines Kind – freudestrahlend auf ihn zugelaufen kämen und uns in seine offene Arme werfen würden! Klar! Wenn ich lieben

Besuch erwarte, sitze ich nicht dreckig in einem vermüllten Wohnzimmer. Wenn ich aber – um im Bild zu bleiben – vor jedem Besuch, den ich erwarte, erst die gesamte Wohnung renovieren muss, dann habe ich bald keine Freude mehr an diesem Besuch.

Was wäre das für ein Gott, vor dem ich mich selbst erst schlecht, klein und unwichtig machen muss, damit ich mich ihm nähern darf? Von Jesus kommt dieses Gottesbild nicht! Für ihn sind wir gut, wertvoll und wichtig, so wie wir sind! Jesus selbst hat uns gesagt, dass wir Gott »Abba«, »Papa«, nennen dürfen. Im Gleichnis vom barmherzigen Vater hat er uns Gott als einen liebevollen Vater vorgestellt, dessen Vergebungswille weit über unser menschliches Verständnis hinausgeht. Und er hat uns eingeladen, mit all unseren Sorgen und Nöten zu ihm zu kommen. Das ist der Gott, von dem Jesus uns erzählt! Und für dieses liebevolle Reden von Gott hat sich Jesus sogar ans Kreuz schlagen lassen! Denn für die Pharisäer war es eine Gotteslästerung, so von Gott zu sprechen! In ihren Augen musste man vor Gott Respekt, Ehrfurcht und auch eine bisschen Angst haben. Denn man konnte sich nie ganz sicher sein, ob man den Ansprüchen Gottes genügen würde. Dieses angstbesetzte Gottesbild wollte Jesus aufbrechen.

Trotzdem hat sich dieses furchteinflößende Gottesbild über die Jahrhunderte in unserer Kirche leider wieder breitgemacht! Das war wahrscheinlich kein Zufall. Denn dieses Gottesbild war für die Herrschenden sehr praktisch. Es konnte von den Machthabenden, auch innerhalb der Kirche genutzt werden, um den eigenen Willen beim Volk besser durchzusetzen. Dazu kam außerdem ein Priesterbild, das davon ausging, dass ein Priester durch die Weihe mehr Glauben, einen engeren Bezug zu Gott und auch quantitativ mehr Heiligen Geist von Gott erhalten hätte als alle anderen Getauften. Davon wurde dann abgeleitet, dass ein Priester besser als andere wüsste, was Gott will. Das verlieh ihm Autorität und Macht. Wenn ich das, was ich sage, mit dem Willen Gottes legitimieren kann, dann muss jede Widerrede verstummen. In dieser Situation war es für viele Priester eine große Versuchung, den eigenen Willen mit dem Willen Gottes gleichzusetzen. Und davon abgeleitet eine Pastoral zu betreiben, die unhinterfragt den eigenen Vorstellungen entsprach. Eine Versuchung, der mancher Priester erlegen ist.

Beispiele davon sind mir als Seelsorgerin vor allem in Trauergesprächen immer wieder einmal begegnet.
Da habe ich gehört von der Frau, die nicht zur Hochzeit ihrer Zwillingsschwester gehen durfte. Der Pfarrer kam in die Familie und hat allen mit Exkommunikation gedroht, die an dieser Hochzeit teilnehmen. Was war der Grund? Die Schwester wollte einen evangelischen Mann heiraten!
Da war die Familie, die um den Tod des Vaters trauerte. In seiner krankhaften Verzweiflung hatte er sich selbst das Leben genommen. Jetzt musste die Familie zittern, ob der Pfarrer den »Selbstmörder« in heiliger Erde bestatten würde oder ob sie den Vater an der Friedhofsmauer würden verscharren müssen.
Und da war der Pfarrer, dem der Name des Täuflings nicht fromm genug erschien und den Namen des Kindes vor der Taufe kurzer Hand abgeändert hat! Und wehe ein Baby starb, bevor es getauft wurde! Dann blieb ihm der Himmel verschlossen!
Diese genannten Beispiele liegen schon einige Jahre zurück. Aber die Wunden, die Verletzungen, die sie hinterlassen haben, wirken heute noch fort! Und leider finden sich ganz ähnliche Beispiele auch heute noch! Erst vor Kurzem erzählte mir eine Frau von einem Pfarrer, der einen Verstorbenen nicht beerdigen wollte, weil er ihn nie in der Kirche gesehen hätte! Vielleicht kennen Sie auch selbst solche Beispiele? Ich denke, es wird deutlich, dass hier etwas nicht stimmt! So darf es nicht weitergehen! Ein solches Denken entspricht in keiner Weise dem Bild von Gott, das uns Jesus aufgezeigt hat!

Hier wurden von Kirchenmännern Verletzungen und Wunden geschlagen, die benannt werden müssen, damit sie heilen können und vor allem, damit sie nicht wieder vorkommen. Zum Glück gibt es seit einiger Zeit mehrere Bewegungen innerhalb der katho-

lischen Kirche, die diesen Machtmissbrauch – und um nichts anderes handelt es sich – beleuchten, aufarbeiten und zukünftig verhindern wollen. Auf Bundesebene ist das die Initiative »des Synodalen Weges«, die von der Deutschen Bischofskonferenz eingesetzt wurde. Auf der Ebene der Bistümer gibt es verschiedene Prozesse, welche die Konsequenzen, die sich aus der Aufarbeitung der Missbrauchsstudien ergeben haben, im Bistum umsetzen sollen. Und dann gibt es noch die Initiative »Maria 2.0«, die vor allem von Frauen getragen wird und in vielen Teilen der katholischen Kirche – so auch in unserer Pfarrei – Ableger gefunden hat.
So unterschiedlich diese Initiativen auch sind, so ist ihnen doch eins gemeinsam: die Sorge um die Weitergabe des Glaubens und die Glaubwürdigkeit der katholischen Kirche.

Ich denke, es ist an der Zeit, dass unsere Kirche einmal »entkalkt« wird. Wenn ich zu Hause meinen Wasserkocher häufig benutze, dann sammelt sich mit der Zeit dort viel Kalk an. Wenn ich den Wasserkocher entkalke, dann will ich ihn nicht zerstören. Ich will, dass er wieder einwandfrei funktioniert. Ich will, dass er wieder besser seine Aufgabe erfüllen kann. Nicht anderes wollen der »Synodale Weg«, die Aufarbeitungsprozesse und »Maria 2.0«! Der Glaube und die Kirche, in der er gelebt wird, sollen wieder ungetrübt wahrgenommen werden können. Mit der Zeit haben sich in der Kirche Dinge angelagert, die uns den Blick auf das Wesentliche, die vielen Menschen den Blick auf Gott verstellt haben! Diese Ablagerungen müssen abgebaut werden! Wenn wir uns bei diesem Tun von Gottes Heiliger Geistkraft leiten lassen, dann wird diese »Entkalkung« der Kirche guttun. Es wird dann zu Veränderungen kommen, vor denen wir uns nicht fürchten müssen. Genauso wenig, wie wir uns vor Gott fürchten müssen!
Mir gefällt das Bild, dass wir Gott an seinem Geburtstag freudestrahlend entgegenlaufen, uns in seine Arme werfen und er uns lachend auffängt! In diesem Sinne wünsche ich Ihnen nicht nur zu Weihnachten noch viele frohe und glückliche Momente mit Gott!

Fürbitten zur Predigt

Guter und barmherziger Gott, wir sind dir wertvoll und wichtig! Du willst, dass es uns gut geht. Deinen Sohn hast du zu uns in die Welt geschickt, damit er uns von deiner Liebe zu uns erzählt. Mit all unseren Sorgen, Nöten und Bitten dürfen wir jederzeit zu dir kommen. Deshalb bitten wir dich:

Schenke Freude und Vertrauen allen Müttern, Eltern und Familien, die in diesen Tagen Nachwuchs erwarten. Gott, du Freund der Menschen, wir bitten dich, erhöre uns.

Schenke neuen Lebensmut und neue Lebenskraft allen Menschen, die durch Machtmissbrauch in deiner Kirche verletzt worden sind. Gott, du Freund der Menschen ...

Schenke Mut, Kraft, Vertrauen und Freude allen Menschen, die sich für Veränderungen in deiner Kirche einsetzen. Gott, du Freund der Menschen ...

Schenke Mut, Kraft und Geduld allen Menschen, die wieder angefangen haben, nach dir zu suchen. Gott, du Freund der Menschen ...

Schenke Freude und neues Leben allen Menschen, die uns im Tode zu dir vorausgegangen sind. Gott, du Freund der Menschen ...

Guter und liebevoller Vater, höre auf unsere Bitten, auch auf die stillen, die wir nicht in Worte zu fassen wissen. Bleibe uns nahe. Und nimm uns ab und zu in die Arme, damit wir deine Liebe spüren. Darum bitten wir dich durch Jesus, deinen Sohn und unseren Bruder. Amen.

Bettina Ickstadt

Die gute Hirtin – Predigt im Rahmen der Initiative Maria 2.0

Tagesevangelium: Johannes 10,27–30
Passende und schöne Bilder von Hirtinnen findet man schnell im Internet unter dem Suchbegriff »Hirtin«. Hier können wir aus Urheberrechtsgründen keines davon abdrucken.

Gerade haben wir das Evangelium von Jesus, dem Guten Hirten, gehört. Schauen Sie einmal auf das kleine Foto, das Sie vor sich haben. Es ist ungewöhnlich, statt eines Hirten eine Hirtin zu sehen. Und doch, es gibt sie wirklich, Hirtinnen. Hier eine junge, große Frau im hohen Norden mit ihrer Schafherde, den Heidschnucken. Ein schönes Bild!

Auch in unserer Kirche sprechen wir von Hirten, welche die Arbeit von Jesus, dem Guten Hirten, fortsetzen sollen: Priester, Bischöfe, Kardinäle und der Papst. Weltweit scheinen die geistlichen Hirten in unserer katholischen Kirche ausschließlich Männer zu sein. Dabei haben wir nach den Veröffentlichungen einer Missbrauchsstudie aus den letzten Jahrzehnten den Eindruck, dass es unter diesen Hirten zahlreiche »Diebe und Räuber« gab und gibt, die eingedrungen sind in die Kirche, in den Hof der Schafe, »um zu stehlen, zu schlachten und zu vernichten«, wie Jesus im gleichen Kapitel des Johannesevangeliums beklagt. Und damit wird die Absicht von Jesus ins absolute Gegenteil verkehrt, der gesagt hat: »Ich bin gekommen, damit sie das Leben haben und es in Fülle haben. Sie werden niemals zugrunde gehen und niemand wird sie meiner Hand entreißen.«

Wir sind geschockt und hätten es nicht für möglich gehalten, was Machtmissbrauch, sexualisierte Gewalt und geistlicher Missbrauch in unserer Kirche angerichtet haben. Menschenleben, die oft schon im Kindesalter ein für alle Mal gezeichnet, ja lebenslänglich zerstört sind. Die Kirche als Schutzraum für Werte und Menschenleben, als sicherer Hort für ihre Schäflein, hat dadurch das Vertrauen von vielen verloren. Damit musste sich dann sogar die Versammlung der Bischöfe aus aller Welt in Rom auseinandersetzen. Schon zuvor hatte Papst Franziskus bezüglich des Missbrauchs von »Nulltoleranz« gesprochen, auch von der Meldepflicht an die zuständigen kirchlichen und zivilen Behörden.

Es gibt dunkle Nischen im System der Kirche, damit hat sich dann auch die Deutsche Bischofskonferenz befasst. Klerikalismus wird als Ursache des Übels genannt, und das Machtgefälle, auch zwischen Männern und Frauen in der Kirche, mit seinen einseitigen Zugängen zur Weihe und dem Ausschluss der Frauen vom Amt. Theologische Gründe gibt es dafür nicht. – Nun, ich bin so eine Frau in der katholischen Kirche. ((Nach meinem Theologiestudium und dem Pastoralkurs wurden meine männlichen Kollegen zu Priestern geweiht, und ich erhielt eine Beauftragung als Pastoralreferentin. Damals schien mir das noch eher selbstverständlich. Heute nach fast 40 Jahren Berufstätigkeit und Erfahrungen als Seelsorgerin, hauptberuflich und im Ehrenamt, nicht mehr.)) –
Persönlich anpassen.
Auch Frauen haben ihre Berufungsgeschichte.

Eigentlich dürfte ich heute und hier auch nicht predigen. »Predigen, in einer Eucharistiefeier das Wort Gottes auslegen, das darf nur ein Priester oder ein Diakon«, habe ich vor nicht allzu langer Zeit noch von einem Dienstvorgesetzten gehört. Ja doch, es gibt inzwischen auch einiges, was ich darf. Beerdigen z. B., das darf ich sogar recht oft, weil es an Priestern mangelt. Und manche, auch ältere Menschen, Frauen und Männer, wollen sogar ausdrücklich von mir beerdigt werden. Auch Wortgottesfeiern darf ich halten. Und manchmal sagt mir eine oder einer danach: Heute waren Sie unsere Priesterin! Ich gestehe: Das ist Balsam auf meine Wunden. Denn schon damals zu meiner Kinder- und Jugendzeit durften meine drei Brüder Ministranten sein, für Mädchen wie mich aber war der Dienst am Altar ausgeschlossen. Damals noch. Auch das hat sich – Gott sei Dank – geändert.

Schon Kardinal Sterzinsky aus Berlin sagte, dass es entscheidend für die Zukunft unserer Kirche sein wird, inwieweit sie in der Lage ist, den Frauen die Bedeutung zurückzugeben, die sie in der ursprünglichen Jesus-Bewegung hatten. Und so wünsche ich mir eine Veränderung in der Kirche, die mich als Frau ernst nimmt und wertschätzt mit meinen Möglichkeiten, auch mit meiner Berufung, »Hirtin« im Volk Gottes zu sein.

Es geht dabei nicht nur um eine Veränderung der Strukturen, sondern auch um eine lebendige Erneuerung unserer Kirche von innen her. Schließlich sind wir doch alle berufen, das »allgemeine Priestertum« der Gläubigen zu leben, so sagt es das II. Vatikanische Konzil. Ob uns das bewusst ist? Ja, wir alle als Getaufte sind berufen zum priesterlichen Dienst. Jede und jeder von Ihnen könnte hier vorne stehen mit weißer Albe, dem Taufgewand eines gläubigen Christen, einer gläubigen Christin. Wie lebendig sind wir, sind unsere Gemeinden noch? Wie viel hat uns das Evangelium von Jesus Christus im Alltag einer satten Konsum- und Wohlstandsgesellschaft noch zu sagen? Können wir uns im heutigen Stress und der Hektik noch genügend Zeit fürs Gebet oder den Gottesdienst nehmen? Es ist ja eher schon 5 nach 12 für unseren Glauben und für unsere Kirche in dieser Gesellschaft. Wie viele haben schon mit den Füßen abgestimmt und bleiben einfach weg?

Sie liegt mir am Herzen, unsere Mutter Kirche. Ihre Gottesdienste, ihre Traditionen im Lauf eines Kirchenjahres begleiten mich von Kindesbeinen an und haben mir schon so viel Heilsames und Schönes gebracht, einen Weg zu Gott eröffnet.
Ja, ohne diese Gemeinschaft im Glauben, das gemeinsame Beten und Singen, wäre ich in Krisenzeiten wohl verloren gewesen ... Ich möchte diesen reichen Schatz meines Glaubens an andere, an Kinder und Kindeskinder weitergeben und als Wertvollstes und Liebstes bewahrt wissen, wenn auch in immer neuer Form. Eine Kirche »semper reformanda« , die sich immer wieder erneuert, wie das Konzil sagte. Die Frauenfrage wird es sein, die schon bald für

die Zukunft der Kirche entscheidend sein wird, meint auch Schwester Philippa Rath aus St. Hildegard bei Bingen. Ja, es liegt viel an uns Frauen, an geistlichen Müttern, Müttern und Großmüttern, wenn es weitergehen soll mit dem Evangelium, auch in unserer Kirche!

Katharina Barth-Duran

Weihnachtsbrief – Predigt zu Heiligabend

Heute hat ein lieber Mensch Geburtstag und ich habe an den Vater dieses Geburtstagskindes einen Brief geschrieben. Diesen Brief möchte ich Ihnen gerne vorlesen:

»Josef, es ist ein Mädchen«, so heißt ein Buch! Ich weiß nicht, ob Du dieses kleine Büchlein von Kai König kennst und ob es Dir gefällt. Der Inhalt ist mir aber auch gar nicht so wichtig. Es ist der Titel, der mich bewogen hat, Dir zu schreiben: »Josef, es ist ein Mädchen!« Der Titel hat mich sofort angesprochen und zum Nachdenken angeregt! Wenn wir heute Weihnachten feiern, dann begehen wir dieses Fest seit 2000 Jahren. Wir feiern, dass Du Dich entschlossen hast, als Mensch zu uns in die Welt zu kommen. Wir Christen feiern an Weihnachten, dass »Gott« Mensch geworden ist. Gott ist »Mensch« geworden, das feiern wir doch?!

Oder feiern wir eher, dass Gott »Mann« geworden ist? Wenn ich erlebe, mit welcher Beharrlichkeit dieses »Mann-sein« von Jesus in der katholischen Kirche immer wieder hervorgehoben wird, kommen mir manchmal Zweifel! Was wird nicht alles von dieser Tatsache, dass Jesus ein Mann war, abgeleitet? Hattest Du das damals tatsächlich im Sinn, als Du uns Deinen Sohn geschickt hast? War es wirklich Dein Wille, dass, weil Jesus ein Mann war, keine Frau eine christliche Gemeinde leiten soll? Und keine Frau

Sakramente, die Zeichen Deiner Nähe, anderen Menschen erlebbar machen darf? War das eine bewusste, theologische Entscheidung von Dir? Oder war es für Dich eher eine pragmatische Lösung, dass Du uns Deinen SOHN geschickt hast und es keine Tochter geworden ist?

In irgendeinem Geschlecht musstest Du Dein Kind ja zu uns schicken. Und was hätte eine Tochter damals in einer patriarchalisch strukturierten Welt erreichen können? Sie hätte weder in der Synagoge sprechen dürfen noch mit dem Gesetzeslehrern Streitgespräche führen und schon gar nicht ohne Familie, nur mit Freunden und Freundinnen, durch Israel und Samarien ziehen, um den Menschen von Dir zu erzählen. Wahrscheinlich wäre sie niemals gekreuzigt worden. Denn man hätte sie bestimmt früh mit irgendeinem frommen Mann verheiratet und damit wäre sie ganz schnell aus der Öffentlichkeit verschwunden, wenn sie es überhaupt jemals in eine Öffentlichkeit geschafft hätte! Ich kann Deine Entscheidung, uns Jesus als Deinen Sohn zu schicken, also gut nachvollziehen!

Vielleicht hast Du ja auch gedacht, wir würden mit der Zeit selbst darauf kommen, dass Dir das Geschlecht eines Menschen gar nicht so wichtig ist? Vielleicht hattest Du gehofft, wir würden Jesus besser zuhören? So wie Paulus es zum Beispiel getan hat. Denn er schreibt in seinem Brief an die Galater (Gal 3,28): »Es gibt nicht mehr Juden und Griechen, nicht Sklaven und Freie, nicht männlich und weiblich; denn ihr alle seid einer in Jesus Christus.« Wie sehr haben wir mit den Jahren diesen sensationellen Ansatz eines gleichberechtigten Umgangs auf Augenhöhe nivelliert? Wir haben neue Hierarchien entwickelt, gepflegt und manifestiert und damit gezielt ganze Menschengruppen ausgegrenzt!

Du kannst nichts dafür, dass wir Menschen darin Meister sind, uns an Dir und Deinem Willen vorbeizudrücken! Du hast es damals mit Jesus perfekt auf den Weg gebracht! Fast möchte ich Dich bitten: Schicke uns nochmal ein Kind von Deinem Herzen in diese Welt und lass es dieses Mal bitte eine Tochter sein! Damit auch dem letzten Zweifler klar wird, dass Du auch von Frauen in dieser Welt repräsentiert werden möchtest! Aber natürlich weiß ich, wie unsinnig dieser Wunsch ist. Denn auch das würde die Einstellung der uneinsichtigen Menschen nicht ändern! Durch Deinen Sohn Jesus hast Du Dich ein für alle Mal (der Welt) offenbart. Wenn wir doch nur konsequenter darüber nachdenken würden, was Jesus uns von Dir erzählt hat! Und wenn wir dann auch noch das, was wir von Dir und Deiner Botschaft begriffen haben, umsetzen würden, dann bräuchten wir keine neue »Menschwerdung« mehr! Es ist alles da, was wir wissen müssen! Es liegt ganz alleine an uns, Deinen Willen, den Du uns durch Jesus deutlich gezeigt hast, endlich zu leben! Aber wir haben uns in den Jahrhunderten zu sehr verzettelt. Wir haben uns entschieden, lieber die Asche der Tradition zu bewahren, als das Feuer des Glaubens zu hüten!

»Prüft alles! Das Gute behaltet!«, so hat es Paulus in seinem 1. Brief an die Gemeinde in Thessalonikki (1 Thess 5,21) geschrieben. Vielleicht ist das Dein Auftrag an uns in dieser Stunde? Überprüft alles, ob es in der heutigen Zeit noch sinnvoll ist. Überlegt, was von den überlieferten Traditionen zeitgebunden seinen Sinn und seine Richtigkeit hatte, aber in der heutigen Zeit Deine Botschaft eher verdunkelt! Behaltet aber die guten und sinnvollen Traditionen bei, die auch heute noch ihren Wert und ihre Sinnhaftigkeit haben! Denn wie es ein weiser Mensch einmal gesagt hat: »Wenn etwas zu viel Tradition hat, ist es ein Fossil. Wenn aber etwas zu wenig Tradition hat, ist es schnell ein Monster!« Wir werden die Balance zwischen beidem finden müssen!

Ich bin Dir dankbar für die Geduld, die Du immer noch mit uns hast. Ich bin Dir dankbar, dass Du Dich nicht längst enttäuscht, resigniert oder ärgerlich von uns abgewandt hast. Ich bin froh, dass Du immer noch etwas von uns erwartest! Ich an Deiner Stelle wäre durch die Jahrhunderte hindurch schon mehrfach an uns Menschen verzweifelt! Ich frage mich nicht erst seit Veröffentlichung der Missbrauchsstudie, warum Du, der dreifaltige Gott, der zwar als ein Wesen, aber doch immer als »drei Personen in Beziehung« gedacht wird, warum also ausgerechnet Du, dessen Hauptattribut die Liebe ist, ausschließlich von zölibatär lebenden Männern repräsentiert werden musst? Ist Dir dieses »männerbündische Gehabe« und seine Auswirkungen, die bis heute Dein Bild verdunkeln, nicht auch zuwider? Du führst uns unsere Verfehlungen in der Umsetzung deines Willens immer wieder neu vor Augen! Wann werden wir endlich bereit sein, unsere Augen zu öffnen und zu sehen, was du uns schon längst gezeigt hast?

Hast Du eigentlich noch Freude daran, wie wir den Geburtstag Deines Sohnes feiern? Hast Du noch Freude daran, wie wir uns daran erinnern, dass Du als Mensch zu uns in die Welt gekommen bist? Du bist gekommen, damit wir Deine Nähe und Deine Liebe besser begreifen können. Aber manchmal scheint es mir, als wäre unser Hauptproblem an Weihnachten, ob es wohl auch dieses Jahr wieder nicht schneit und wie lange das Einkaufszentrum an Heiligabend geöffnet ist?! Jedes Jahr zur Weihnachtszeit lädst Du uns ein, es neu mit Dir zu versuchen. Heute in der geweihten Nacht erinnern wir uns wie jedes Jahr daran, dass Du mit und bei uns in der Welt sein willst. Ob als Vater, als Mutter, als Sohn oder als Tochter ist dabei nur eine pragmatische Ausfaltung für unseren menschlichen Verstand!

Wenn es Bethlehem nicht gegeben hätte und Du heute zum ersten Mal in die Welt kommen würdest, würdest Du etwas anders machen? Welches Geschlecht würdest Du heute für Dein Kind wählen? Wäre die Zeit reif für eine Tochter? Eines der neueren Bücher von Kai König heißt: »Josef, es sind Zwillinge!« Aber ich glaube nicht, dass das die Lösung wäre! Ich glaube, damals in Bethlehem, das war von Dir schon die richtige Entscheidung! Es war gut, Jesus als Sohn zu uns in die Welt zu schicken! Ich freue mich darüber und danke Dir dafür von ganzen Herzen! Ich gratuliere Dir! Ich gratuliere aber auch vor allem mir selbst zur Geburt Deines Sohnes! Denn was wären wir ohne ihn? Herzlichen Glückwunsch! Und ich wünsche Dir, dass wir Menschen eines Tages Deinen Geburtstag so feiern werden, dass Du Deine Freude daran hast!

Bettina Ickstadt

So habe auch ich sie gesandt – Dialogpredigt zum Junia-Fest

Liebe Schwestern und Brüder, zunächst möchten wir mal kurz erklären, warum wir heute hier überhaupt stehen und so ausdrücklich darauf hingewiesen haben, dass Frauen in den Eucharistiefeiern an diesem 7. Sonntag in der Osterzeit predigen. Grundgedanke ist, dass am 17. Mai der Gedenktag der hl. Junia gefeiert wird. Junia wurde über Jahrhunderte hinweg in der Bibel als ein Mann genannt – Junias. Erst in der neuen Einheitsübersetzung wurde das richtiggestellt und aus Junias wurde wieder Junia. Junia – die von Paulus als herausragend unter der Aposteln bezeichnet wurde. Aus diesem Anlass predigen rund um den 17. Mai Frauen in den Gottesdiensten. In manchen Gemeinden ist das gar nichts Besonderes mehr – und doch ist es kirchenrechtlich schlichtweg nicht erlaubt –, die Predigten in Eucharistiefeiern sind geweihten Männern vorbehalten. Wenn Laien damit beauftragt werden, dann dürfen sie offiziell nur zu Beginn des Gottesdienstes eine Statio halten oder aber zum Beispiel in Familiengottesdiensten eine Katechese. Wenn wir jetzt predigen, handeln wir gegen das Kirchenrecht. Aber so ist das manchmal. Und beim Blick in die Evangelien kommt es mir so vor, als ob vor 2000 Jahren ein junger Mann aus Palästina auch das ein oder andere Mal gegen das damals geltende Recht verstoßen hätte.

A: Liebe Gemeinde, ich bin ehrlich: Als wir uns entschlossen haben, heute zu predigen, hätten wir vielleicht mal zuerst in das Tages-Evangelium schauen sollen. Denn zunächst habe ich nicht viel verstanden von dem, was uns Johannes da sagt. Hohe Theologie wird uns serviert – eher schwer verdaulich. Eigentlich ein typischer Johannes. Verschachtelte Sätze, blumige Rede.
B: Ja, die Evangelien an den ersten Sonntagen nach Ostern sind anders und irgendwie leichter. Da geht es zum einen um die Auferstehungserfahrungen der Jüngerinnen und Jünger. Jesus geht es darum, ihnen deutlich zu machen: Schaut her, ich habe euch nicht alleine gelassen. Ich bin immer noch bei euch. Dann spricht Jesus in zwei Gleichnissen von sich als dem »Guten Hirten« und dem »Weinstock« und den Reben. Den Abschluss der Osterzeit bildet die Abschiedsrede Jesu. Fast wie ein Testament. Er legt Gott seine Jüngerinnen und Jünger in besonderer Weise ans Herz und bittet für sie. Wie soll es nach seinem Tod und der Rückkehr zu seinem Vater mit ihnen weitergehen? Mit ihm zusammen haben sie sich sicher gefühlt, sind zu einer Gemeinschaft herangewachsen, haben sich gegenseitig immer wieder Mut und Kraft gegeben. Gelingt das auch, wenn er nicht mehr da ist?
A: Jesus weiß, dass seine Freundinnen und Freunde Gefahren, Hetze und auch Hass ausgesetzt sein werden – und zwar deshalb, weil sie ihm und seiner Botschaft nachgefolgt sind und diesen Weg der Liebe Gottes weitergehen. Deshalb wendet sich Jesus mit einer eindrücklichen Bitte an seinen Vater: »Bewahre sie in deinem Namen.« Bewahre sie vor dem Bösen – beschütze sie, behüte sie. Solange ich hier auf Erden war, konnte ich das tun. Nun brauchen sie deinen besonderen Schutz.« So weit so gut – das hört sich alles noch relativ einfach an. Aber es gibt einige Sätze, in diesem Evangelium, die sind schon heftig und werfen Fragen auf. Zum Beispiel: »Ich habe ihnen dein Wort gegeben und die Welt hat sie gehasst …« – Wie siehst du das – was kann er damit gemeint haben? »Die Welt hat sie gehasst«, ist schon starker Tobak.
B: Ja, da gebe ich dir recht. Ich bin – wie man so schön sagt – gut katholisch aufgewachsen. Der Glaube hat für mich immer eine

zentrale Rolle gespielt. Ein Leben ohne Glauben kann ich mir nicht vorstellen. Ich versuche die Botschaft Jesu zu leben und weiterzugeben. Die Botschaft der bedingungslosen Liebe Gottes, die allen Menschen gilt.
Davon bin ich überzeugt und das begeistert mich immer wieder. Den Jüngern damals ist es nicht anders gegangen. Jesus hat sie und viele andere durch sein Reden und vor allem durch sein Handeln überzeugt. Sie, die oft hoffnungslos und verzagt waren, ohne Perspektive und Hoffnung, unter der Macht der Römer litten – aber auch dem Druck der Pharisäer und Schriftgelehrten ausgesetzt waren, die ihnen immer wieder vor Augen hielten, was sie alles falsch machten und wie sie zu leben haben. Sich Jesus anzuschließen, bedeutete plötzlich Zuversicht und Hoffnung auf Änderung. Gleichzeitig aber auch, sich gegen die Machthaber aufzulehnen, Unrecht anzusprechen, denen eine Stimme zu geben, denen keiner zuhörte. Und so wurden sie unbequem für die Bequemen. Störenfriede halt, die die bestehende Ordnung durcheinanderbrachten, die gegen den Strom schwammen. Hass in der schlimmsten Form schlug ihnen entgegen. Jesus musste dafür sterben und viele, viele seiner Anhängerinnen und Anhänger bezahlten im Laufe der Jahrhunderte ihre Überzeugung mit dem Tod.
A: Kommt mir irgendwie bekannt vor, oder? Seit zwei Jahren engagieren wir beide uns bei Maria 2.0 und setzen uns für eine gleichberechtigte, lebensnahe und glaubwürdige Kirche ein. Wir lehnen uns sozusagen auch gegen die bestehende Ordnung auf. Auch wir sind sehr unbequem und stören. Ich bin sicher, dass wir dafür nicht ans Kreuz genagelt werden oder sonst einen qualvollen Tod sterben müssen. Aber Zorn und Wut schlägt auch uns das ein oder andere Mal entgegen. Wirklich nicht oft – aber es kommt vor.
B: Ich weiß, was du meinst. Solche Rückmeldungen tun schon weh. Und oft genug fehlt uns die Kraft, weiterzumachen. Ob es den Jüngerinnen und Jüngern nach dem Weggang von Jesus auch so ergangen ist? Ich vermute es – und sicherlich ist das der Grund für eine weitere Bitte Jesus an Gott: »Ich bitte nicht darum, dass du sie aus der Welt nimmst, sondern dass du sie vor dem Bösen bewahrst.«

»Die Welt« hieß für die, die damals Jesu nachfolgten, dem Hass und auch der Todesfurcht ausgesetzt zu sein. Vor diesem Hintergrund wäre es ein nur allzu verständliches Verhalten gewesen, sich abzuwenden und Jesus und die Botschaft zu verleugnen. Deshalb bat Jesus, dass Gott ihnen in dieser schwierigen Lage Kraft und Mut schenken und sie vor dem Bösen bewahren solle, damit sie nicht aufgeben. Und sie haben es auch nicht getan. Denn zu sehr waren sie davon überzeugt, dass der Weg der Liebe der richtige ist.
A: Genau, das ist der Grund, der uns trotz allem immer weitermachen lässt. Wir hören nicht auf daran zu glauben, dass der Weg der Liebe der richtige ist und dass die Liebe gewinnen wird.
B: Zurück zum Evangelium: Es beinhaltet auch nochmals den deutlichen Auftrag Jesus an uns: »Wie du mich in die Welt gesandt hast, so habe auch ich sie in die Welt gesandt.«
Hinaus in die Welt gehen, Zeugnis geben, Position beziehen – jede und jeder von uns mit ihren und seinen Fähigkeiten und Möglichkeiten. Hört sich einfach an ... aber sag mal, was heißt denn das für dich konkret? Wie siehst du deinen Sendungsauftrag? Auf welche Weise gibst du die Botschaft Jesu weiter?

[Im Folgenden steht der Original-Text als Beispiel, bitte jeweils durch persönliche Erfahrung ersetzen.]
A: Spannende Frage, denn in der Tat, manchmal ist das gar nicht so leicht. Seit über 10 Jahren gibt es in unserer Pfarrei den Powerclub – den Treff für Menschen mit Beeinträchtigungen. Es ist an sich nichts Besonderes, wenn wir uns – zumindest in Nicht-Corona-Zeiten – montags im Camarahaus treffen – im Gegenteil. Es sollte eigentlich etwas Selbstverständliches sein. Ich möchte all denen, die dort immer wieder zusammenkommen, einfach zeigen: Du bist gut so wie du bist. Du bist von Gott geliebt. Und was ist dein ganz persönlicher Sendungsauftrag?
R: Ich möchte Jesu Frohe Botschaft von Gottes Liebe zu den Menschen weitergeben. Nicht nur an meine eigenen Kinder – ich tue es auch seit mittlerweile rund 15 Jahren in der Erstkommunionvorbereitung hier in unserer Gemeinde. Gern setze ich mich auch für unsere beiden katholischen Kitas ein. Hier erfahren die Kinder und Familien wie Jesus woll-

te, dass wir miteinander leben und umgehen. Sie hören nicht nur davon, sondern sie können es im täglichen Miteinander und am Beispiel der Erzieherinnen und Erzieher erleben.
A: Umgekehrt gibt es natürlich auch viele Momente und Gelegenheiten, in denen ich ganz besonders spüre, wenn andere Menschen ihren Sendungsauftrag leben. Lassen Sie mich als Beispiel meine indischen Freunde nennen. Pater Cyril, der vor vielen Jahren hier Kaplan war und mit dem wir bis heute gut befreundet sind. Sein Bruder, der seit 9 Jahren in Nieder-Olm lebt und der für mich zu einem dritten Sohn geworden ist. Pater Pius, den wir in Indien kennengelernt haben, und jetzt auch unsere indischen Schwestern, die in Zornheim wohnen. Durch Gespräche mit ihnen, durch gemeinsames Leben und Erleben spüre ich die Vielfalt unseres Glaubens. Spüre ich, wie gut es tut, über den Kirchturm hinauszublicken. Dafür bin ich sehr dankbar.

B: Apropos Vielfalt: Jesus muss es auch so gesehen haben, denn er, wenn man in der Abschiedsrede ein bisschen weiterliest, bittet Jesus nicht nur für die Jüngerinnen und Jünger, die mit ihm unterwegs waren, sondern auch für alle, die durch deren Wort an ihn glauben! Alle sollen eins sein!« Er bittet für alle, die glauben, und er bittet darum, dass alle eins sein sollen, durch Gott verbunden! Alle heißt alle: Es ist unerheblich, ob katholisch oder evangelisch, ob orthodox oder anglikanisch. Ob Mann oder Frau, homosexuell oder heterosexuell. Ob jung oder alt, ob beeinträchtigt oder nicht. Ob fest im Glauben Stehende oder Zweifelnde. – Mensch, das ist doch unser Traum von Kirche. Einheit in einer Vielfalt, die als zentralen Mittelpunkt die Liebe Gottes hat.
A: Ja – das ist unser Traum. Und ich bin sicher, dass Jesus sich so seine Kirche vorgestellt hat. Lebensnah, transparent, gleichberechtigt, glaubwürdig, vielfältig, bunt! Dafür werden wir uns immer wieder einsetzen. Auch wenn es bedeutet, dass wir uns das ein oder andere Mal über das Kirchenrecht hinwegsetzen müssen. Die Botschaft und die Menschen sind es uns wert! Amen.

Andrea Keber / Regina Adams

Bei euch soll es nicht so sein – Predigt zu Mk 10,35–45

»Bei euch aber soll es nicht so sein.« Diesen Satz haben sich schon viele auf die Fahne geschrieben. Viele Freie Gemeinden oder Pfingstkirchen leben aus diesem Selbstbewusstsein, dass sie es ernster meinen mit der Botschaft, dass es bei ihnen nicht so ist. Und auch die Reformation hatte in ihrem Ursprung diesen Anspruch. Bei euch soll es nicht so sein, dass die Großen ihre Macht gegen die Kleinen gebrauchen, dass Herrscher ihre Völker unterdrücken. Dass Kirchenfürsten regieren statt zu dienen.
Und dann? Dann bilden sich neue Gemeinden. Neue Kirchen. Und kaum fangen sie an, sich zu bilden, merken sie, dass sie Strukturen brauchen. Und klare Grenzen nach außen, damit die Gruppe sich als Gruppe fühlt. Und eine gewissen Führungsstruktur erwächst wie von selbst. Selbst Gemeinden, die mit der Idee, ganz gemeinschaftlich und ohne Hierarchie leben zu wollen, gestartet sind, landen früher oder später bei Statuten, Gelöbnissen – und früher oder später bei den altbekannten Machtstrukturen. Es ist zum Verzweifeln ... Oder?

Jesus wusste sehr gut, was er seinen Jüngern da mit auf den Weg gab. Denn die Tendenzen waren ja bereits deutlich sichtbar. [Falls die Kurzversion des Evangeliums vorgetragen wurde:] In der ungekürzten Fassung des heutigen Evangeliums wird erzählt, wie es zu dieser Aussage Jesu kam. Die beiden Brüder Jakobus und Johannes traten an Jesus mit einer Bitte heran: »Lass in deiner Herrlichkeit den einen von uns rechts und den anderen links von dir sitzen.« Sie wollten sich rechtzeitig die besten Plätze in der kommenden Hierarchie sichern. – Ja, Jesus wusste, wie es kommen würde. Und er hat zwei interessante Antworten parat. Die erste gilt nur den beiden: »Die Plätze zu meinen Seiten habe ich nicht zu vergeben. Dort werden die sitzen, für die es bestimmt ist.«
Offensichtlich ist also die Hierarchie der göttlichen Herrlichkeit eine, die sich jeglicher Willkür und jeglicher Planung widersetzt. Wie das Puzzle am Ende aussieht, das wird sich erweisen. Am

Ende werden alle feststellen, dass sie genau an dem Platz sind, an den sie gehören, damit das Bild perfekt ist. Und das wird für sie der ehrenwerteste Platz sein, den man haben kann. Denn jeder andere würde das Bild kaputt machen.

Und dann gibt Jesus seinen Jüngern den entscheidenden Hinweis: Kehrt die üblichen Verhältnisse um. Dann kommt ihr dem richtigen Bild der Herrlichkeit des Herrn auf die Spur. Sobald ihr dem natürlichen Streben des Menschen verfallt, sich klare und sichere Strukturen zu schaffen, tappt ihr in die Falle, in die auch Jakobus und Johannes getappt sind. Ihr sucht euch euren Platz in eurer Idee des fertigen Bildes aus. Man sieht es regelrecht vor sich, das Bild, das die beiden Brüder von der »Herrlichkeit« hatten: Es war bestimmt ein Thronsaal, mindestens, gewiss kein einfacher Raum in einem Obergeschoss. Und in der Mitte, am ehrwürdigsten Platz, thront Jesus, der Herrscher. Und die beiden Plätze zu seiner Rechen und zu seiner Linken sind fraglos die beiden zweitmächtigsten Positionen, die man in diesem Bild haben kann.

Jesus holt sie aus diesen Träumen heraus, indem er ihnen klar macht: Euer Bild ist falsch. Diese Plätze, die ihr in euren Tagträumen seht, die gibt es gar nicht. Weil das Bild am Ende ganz anders aussehen wird. Also hört auf zu träumen und fangt an zu handeln. Und zwar so, wie es die Welt gerade nicht erwarten würde.

Wer jemals an einer wie auch immer gearteten gruppendynamischen Fortbildung teilgenommen hat, manche Jugendliche kennen es vielleicht auch von Gruppenwochenenden, kennt das beliebte Spiel: Eine beliebig zusammengewürfelte Gruppe muss eine schier unlösbare Aufgabe in einer festgelegten Zeit lösen. Zum Beispiel aus zwei Zeitungen und vier Klopapierrollen eine Brücke bauen, die einen Menschen trägt.
Am Ende ist aber gar nicht interessant, ob das Ziel erreicht wurde. Sondern die Gruppe wird befragt, welche Gruppenstrukturen sich

herausgebildet haben. Das Ergebnis ist immer das Gleiche: Es hat sich recht bald eine Führungsfigur gezeigt, die den Prozess geleitet und koordiniert hat. Andere haben sich sofort in die Rolle der Ausführenden gestürzt. Meist gibt es noch einen stillen Denker, der eigentlich die besseren Ideen hat, aber dafür die Führungspersönlichkeit geschickt überzeugen muss. Immer entwickelt sich wie von alleine eine klare Gruppenhierarchie, in der jeder seinen Platz findet. Das liegt in unserer menschlichen Struktur als Sozialwesen. So haben wir überlebt.

Und so sind all unsere Strukturen auch zunächst einmal zu sehen: Als überlebensnotwendige Dynamiken. Es wird keinem je gelingen, eine Gemeinde aufzubauen, in der es komplett »nicht so ist«. Bei euch soll es nicht so sein. Was Jesus seinen Jüngern auf ihrem unvermeidlichen Weg zur Bildung fester Strukturen mitgeben will, ist das Geheimnis eines jeden funktionierenden, gesunden Organismus: Jeder und jede, egal an welcher Stelle er oder sie in diesem Organismus steht, hat dem Gesamten zu dienen. Und was dienen heißt, beschreibt Jesus an anderen Stellen deutlich. Es heißt NICHT: sich unnötig klein machen, sich unsichtbar machen, voll geheuchelter Demut andere in ihrem Machtstreben ins Messer laufen zu lassen. Dienen heißt aber auch nicht, sich über andere zu erheben und den eigenen Egoismus in Machtstrukturen zu gießen, die unter dem Deckmantel scheinbar demütiger Formulierungen versteckt werden. Dienen heißt: all seine Talente so gewinnbringend wie möglich einzusetzen. Und zwar für das Überleben der Gemeinschaft. Dienen heißt, einen guten Blick für die Talente in der Gemeinschaft zu haben und zu wissen, wo ich selbst mich einbringen kann – und wo ich das Feld besser anderen überlasse. Dienen heißt auch: vergeben. Und zwar nicht nur einmal oder siebenmal, nein: siebzigmal sieben Mal. Dienen heißt, den wahren Wert der Dinge und Geschehnisse erkennen, wie die Frau, die das kostbare Nardenöl über Jesu Haare goss. Dienen heißt, an der richtigen Stelle klug und sparsam zu sein, wie die klugen Jungfrauen, die auf den Bräutigam warteten.

Eine Kirche, die dient, gibt all diesen Dingen ihren Raum. Sie wird sich davor hüten, ihr eigenes Bild vom Himmelreich zu malen und ihre Hauptdarsteller an die prominenteste Stelle in diesem Bild zu setzen. Eine Kirche, die dient, weiß, dass sie es sich nicht erlauben kann, auch nur den Kleinsten oder den scheinbar überhaupt nicht Einzufügenden aus ihrer Gemeinschaft auszuschließen, denn Gott allein weiß, wo er jeden und jede von uns hinsetzen will und welche Aufgabe er uns im Leben mitgegeben hat. Eine Kirche, die dient, redet Gott nicht in sein Berufungswirken hinein.

Jesus gibt uns in seinen Gleichnissen und Lehrworten alle Antworten auf die Frage, was es bedeutet: Der Größte unter euch soll euer Diener sein. Es klingt so schlicht. Aber es braucht ein ganzes Leben, um das immer wieder umzusetzen, dort, wo wir gerade vom Leben hingestellt wurden. Jesus fordert seine Jünger und uns auf: Fragt euch nicht, wie das Bild am Ende aussieht. Geht davon aus, dass Gott genau weiß, wo er euch gerade hinstellt. Und genau dort ist euer Platz. Und an dem Platz sollt ihr dienen, sollt ihr dafür sorgen, dass das Bild am Ende stimmt. Amen.

Martina Jung

Wer sich selbst erhöht, wird erniedrigt werden – Predigt zu Lk 14,1.7–14

Liebe Gemeinde, ich frage mich immer wieder, was Jesus seinen Zuhörern wirklich sagen wollte. Gibt er den Pharisäern wirklich den Tipp, wie sie sich mit einem einfachen Trick nicht nur die Ehrenplätze, sondern auch noch den zusätzlichen Applaus für ihre zur Schau gestellte Demut ergattern können? Oder stellt er sie einfach nur bloß, weil er weiß, dass sie nicht einmal dazu bereit wären – denn was wäre das denn für ein Bild, wenn ein Würdenträger sich auf die billigen Plätze setzen würde? Es würde die ganze Ordnung durcheinanderbringen. Es wäre den einfachen Leuten auf den billigen Plätzen vermutlich sogar erst einmal peinlich. Und den Gastgeber würde es beschämen, wenn er den Würdenträger auf seinen Irrtum hinweisen müsste, dass er sich im Platz geirrt hat.

Erinnern Sie sich noch daran, was es für einen ungläubigen Jubel gab, als Papst Johannes Paul II. sich beim Wandern oder gar Skifahren ablichten ließ? Ein Papst zum Anfassen, einer von uns ... das waren die begeisterten Reaktionen. Einer, der sich ans untere Ende der Tafel setzt. Am Ende hat all das vor allem einem genutzt: dem Papst selbst, dessen Sympathiewerte stiegen, während er zugleich in seinem Amt als Kirchenführer radikal durchgriff. Er brachte die Kräfte zum Schweigen, die nicht nur einen beliebten Papst, sondern eine Kirche zum Anfassen, eine Kirche auf den billigen Plätzen wollten, er entzog Theologen die Lehrerlaubnis, die eine »Option für die Armen« einforderten, und förderte extrem konservative Gemeinschaften. Das alles gehört zur ganzen Wahrheit dieses tatsächlich sehr sympathischen, bescheidenen und spirituell ausgesprochen inspirierenden Papstes.

Und zur ganzen Wahrheit der Worte Jesu gehört auch der zweite Teil, bei dem er sich nun an den Gastgeber wendet. Es lässt es nicht dabei bewenden, dass man sich nicht selbst erhöhen sollte. Und an dieser Stelle wird Jesus wirklich unangenehm. Sollte der Gastgeber Jesu Ratschlag folgen, hätte sich die Platzwahl der Prominenz zukünftig von allein erledigt – denn es würde von denen gar keiner mehr eingeladen. »Wenn du ein Essen gibst, dann lade Arme, Krüppel, Lahme und Blinde ein.« Was glauben Sie? Hat der Pharisäer das gemacht? Sicher nicht. Und wenn, dann ist so ein Essen keine Einladung an Freunde mehr, sondern eine Wohltätigkeits-Veranstaltung. Das wäre auch heute noch so. Da dürfen wir ehrlich sein. Keiner von uns käme auf die Idee, zum Geburtstag lauter Fremde und noch dazu bedürftige, zwielichtige Personen statt der üblichen Freunde und Familienangehörigen einzuladen. Und das ist auch völlig in Ordnung. Auch Jesus hatte seine Zeiten, in denen er mit seinen engsten Freunden alleine sein wollte.

Die Frage ist, mit welchem Anspruch treten wir auf? Die Pharisäer waren fromme und gottesfürchtige Menschen, denen es ein Anliegen war, die Gesetze der Tora so auszulegen, dass sie im Alltag umsetzbar waren. Gastfreundschaft, Nächstenliebe und Wohltätigkeit gehörten zum Fundament des pharisäischen Glaubens. Aber auch eine sehr strenge Auslegung der Reinheitsgebote und anderer Vorgaben und Gesetze. Gerade deshalb war Jesus den Pharisäern gegenüber so besonders kritisch. Er stand ihnen von allen Gruppierungen am nächsten, es gibt viele Hinweise, dass er als junger Mann durch die Glaubenslehre der Pharisäer gegangen ist, manche sehen ihn sogar als Teil der pharisäischen Bewegung. Es war ihm also ein Dorn im Auge, wenn die Pharisäer im gelebten Alltag immer wieder hinter ihren selbst gestellten Ansprüchen zurückblieben. Und da konnte er bekanntermaßen richtig unbarmherzig werden. Am Ende hat er sich mit seiner Kritik so unbeliebt gemacht, dass sich die ehemaligen Glaubensbrüder gegen ihn stellten.

Für Jesus galt und gilt immer nur ein Maßstab: Die Liebe. »Du sollst den Herrn, deinen Gott, lieben und deinen Nächsten wie dich selbst.« Das ist keine christliche Erfindung, dieser Satz ist das Kernstück des jüdischen Glaubens und er wurde von den Pharisäern täglich gebetet. An diesem Maßstab müssen sich für Jesus allen voran die messen, die zur religiösen Elite gehören, die Vorzeigefrommen, die Berufsgläubigen, die die Heiligen Schriften in- und auswendig kennen, die alle Gesetze herunterbeten können und auf alles eine Antwort haben. An sie hat Jesus die höchsten Ansprüche. Und es macht ihn schier wahnsinnig, wenn gerade diese immer dann versagen, wenn es anfängt für sie persönlich unbequem zu werden.

Heute sind wir als Kirche die Pharisäer. Wir sind es, an die Jesus die höchsten Ansprüche stellt. Denn wir wissen es besser. Wir sind die Vorzeigefrommen, wir sind diejenigen, die die Schriften kennen – und im Zweifel auf alles eine Antwort haben. Ja, ich fürchte, das müssen und sollten wir uns eingestehen: An uns darf und muss man hohe Ansprüche stellen. Darum ist es auch wichtig, dass unsere Kirche immer einen Raum für die Mahner und die Mahnerinnen lässt. Wir brauchen sie, immer und zu allen Zeiten. Und zwar alle Mahnerinnen und Mahner, diejenigen, die den Finger auf verkrustete Strukturen legen und uns aufzeigen, wo wir es uns zu gemütlich gemacht haben. Und wir brauchen auch die, die uns davor bewahren, jedem Zeitgeist nachzujagen und dabei unsere Mitte zu vergessen. Wir brauchen aber vor allem Mahnerinnen und Mahner, die selbst ein glaubhaftes Zeugnis der Liebe abgeben. Und zwar ein glaubhafteres Zeugnis als diejenigen, die sie anklagen.

Der Maßstab ist heute immer noch der gleiche wie damals zur Zeit der Pharisäer: »Höre, Israel, der Herr, unser Gott, er ist einzig. Und du sollst den Herrn, deinen Gott, lieben und deinen Nächsten wie dich selbst.« Diese Liebe ist nicht bequem. Sie wird erst dort zum Zeugnis, wo wir nicht nur die einladen, die uns willkommen sind und von denen wir auch eingeladen werden. Die Liebe wird dort zum glaubhaften und wirkmächtigen Zeugnis, wo wir uns ernsthaft auf die billigen Plätze setzen – und zwar, weil wir genau dort sitzen wollen, und nicht, um vom Hausherrn nach vorn gebeten zu werden. Die Liebe wird dort zum glaubhaften Zeugnis, wo wir tatsächlich die einladen, die keiner einlädt. Dass wir dort geben, wo wir keinen Dank ernten werden. Dass wir dort sind, wo sonst keiner gerne sein möchte. – Ja, das ist leider genau so und kein bisschen anders. Amen.

Martina Jung

Und wie, bitteschön, liebt diese Kirche ihre Kinder? – Impuls zu einer sterbenden Kirche

Eine ganz einfache alte Frau, vielleicht sogar über achtzig,
mit schlohweißem Kurzhaarschnitt und im Anorak wegen der Kälte,
einst Vorsitzende der Frauengemeinschaft,
stellvertretende, wie sie betonte,
sprach engagiert und offen aus, was ihr auf dem Herzen lag.

Bezüglich dieser Entwicklung ihrer Kirche, die sie so erschütterte
und nun noch den Abriss nach sich zog,
weil inzwischen zu wenig Gläubige
den Gottesdienst besuchen würden,
es lohne sich nicht mehr,
sei unrentabel und nicht bezahlbar.

Warum es wohl so gekommen ist?,
fragte sich diese einfache alte Frau,
einst Vorsitzende der Frauengemeinschaft,
stellvertretende, um es gleich mit ihren einfachen Worten
sehr verständlich selbst zu beantworten:
Man spricht doch immer von der Mutter Kirche, stellte sie fest.
Und was tut eine Mutter?, fragte sie in die Kamera.

Natürlich wusste sie schon die Antwort: Eine Mutter liebt ihre Kinder,
damit auch ihre Kinder sie lieben können.
Und wie, bitteschön,
fragte diese einfache, alte Frau,
liebt unsere Kirche ihre Kinder?

Katharina Barth-Duran

Was uns trennt, ist die gemeinsame Sprache – Meditation

Ich finde keinen Namen für dich
Nicht einmal schweigen kann ich
Von dir
In meiner Vatersprache
Aber
Ich habe einen Namen für dich
Ich kann dich denken
Ich spreche zu dir
Selbst schweigen
Kann ich von dir
In meiner Mutter Sprache

Ute Elisabeth Mordhorst

Gespräch mit der alten Mutter Kirche (I) – Meditation

Ach meine alte Mutter Kirche
wir sitzen uns noch zu Tode
in Sitzungen deiner Gemeinde
an langen Abenden,
die ermüden.

Wenn es wenigstens hin und wieder
ein Sitzen wäre
gemeinsam in der Stille
mit dem Achtsamwerden
auf den eigenen Atem,
der Ja sagt
und Gottes Namen kennt.

Wenn es wenigstens
eine kleine Unterbrechung gäbe
in den langen Diskussionen
Monologen gleich
die einsam machen.

Wenn wir zusammenkommen würden
in kleinen Gruppen
wo alle wichtig sind
und etwas zu sagen haben
beim Austauschen
über das, was wir erlebt
und was uns wirklich bewegt.

Wenn wir wenigstens ab und zu
aufstehen würden,
um uns aufzurichten, so wie Jesus
uns zu bewegen, zu wandeln
es muss ja nicht gleich ein Tanz sein
vielleicht nur langsam
Schritt vor Schritt setzen
im Kreis mit den anderen
beweglicher werden, lebendiger.

Wenn wir wieder mehr
zusammen lachen könnten
uns selbst nicht so ernst nähmen
und Freude aufkäme
mit Galgenhumor,
der das Leben erträglicher macht
und sein Sterben.

Und wenn wir überraschend
ganz im Innersten spüren würden
wie ein Lied aufsteigen will
ohne unser Zutun
und wir es gerne singen würden
gemeinsam mit allen
dort angelangt
wo unser Leben zu singen beginnt
mein Gott, in Dir.

Katharina Barth-Duran

Gespräch mit der alten Mutter Kirche (II) – Meditation

Ach Mama,
je älter ich werde,
je mehr Lebenserfahrung ich sammle,
umso starrer und unbeweglicher
erscheinst du mir.

Es fällt mir schwer zu verstehen,
dass ich trotz Ausbildung in deiner Kirche
nicht predigen darf.
Das Wort Gottes auslegen
in einer Eucharistiefeier,
das dürfen Sie nicht,
das darf nur ein Priester oder Diakon,
bekomme ich zu hören und bin frustriert,
weil ich es gerne tun würde
und andere auch meinen,
dass es eine besondere Gabe sei,
die Gott mir geschenkt hat.

Es fällt mir schwer zu verstehen,
dass du deine eigenen Kinder
nicht annehmen kannst,
wie sie sind,
ob sie nun als Junge
oder Mädchen geboren wurden,
egal wie sie aussehen,
egal wie intelligent sie sind,
egal mit welcher sexuellen Orientierung,
für dich immer noch ein Grund,
ihnen als Paar für ihre Liebe
deinen Segen zu verweigern.

Ja, es tut mir weh,
dein Kirchenrecht,
wenn es dort heißt,
dass es ein Strafbestand ist,
wenn junge Eheleute
konfessionsverschieden
nach katholischer Trauung
sich für die Taufe ihres Kindes
in der evangelischen Kirche entscheiden.
So auch bei meiner Schwiegertochter,
die sich nicht vorstellen kann,
dass ihr Mädchen
in einer so frauenfeindlichen Kirche
wie der meinen aufwächst.
Weißt du überhaupt, wie ich mich fühle,
wenn die Taufe meines Enkelkindes
in deinen Augen
zum Strafbestand wird,
wo du doch meine Mutter
von Kindesbeinen an bist

Mir kam die Frage in den Sinn,
ob ich mich vielleicht
mit so einer Tochter vergleichen könnte,
für die das Jugendamt
selbst bei Missachtung oder gar Missbrauch
noch Wege suchen würde,
um mir als Kind
meine Ursprungsfamilie zu lassen.

Ich liebe dich doch, Mama,
und möchte nichts sehnlicher
als von dir geliebt
und angenommen werden,
so wie ich bin

Zuckerbrot und Peitsche
bin ich gewöhnt
in deiner Erziehung
und widersprüchliches Verhalten,
das mich zerreißen könnte,
erzählst du doch
von der großen Barmherzigkeit
und uneingeschränkten Liebe unseres Gottes.

Birgst du mich
in deinem Mutterschoß
oder stößt du mich weg von dir
in die Fremde?
Ich weiß es nicht mehr
und manchmal denke ich,
ob du dich wohl selber liebst,
so wie du bist,
ob du gut zu dir sein kannst
und wirklich noch glaubst
an einen barmherzigen Gott,

der uns Vater und Mutter ist
und uns zuerst geliebt hat,
ganz und gar
bedingungslos.

Katharina Barth-Duran

Herrschaftszeiten noch einmal – Impuls

Herrschaftszeiten.
Mannigfaltige Formen der Unterdrückung
seit Jahrtausenden
rund um den Globus

Herrschaftszeiten.
Gestern und heute und morgen wieder?
Alles, nur das nicht,
alle nur ich nicht!

Aber was, wenn ich nun eine bin, die hübsch mitmacht
mit der Macht, die andere klein macht?

Herrschaftszeiten
noch einmal ...

Ute Elisabeth Mordhorst

Ich habe einen Traum – Meditation

Ich habe einen Traum
Schon vor vielen Jahren
habe ich das geschrieben:
Ich habe einen Traum,

dass eines Tages die Frauen aufwachen
in unseren Gemeinden
und erfahren
wie wertvoll und wichtig ihr Einsatz
in dieser großen weiten Weltkirche ist.

Dass Frauen wach werden
und sehen wie auch ihre Arbeit
die Kirche aufgebaut
und durch die Zeiten getragen hat.
Dass sie endlich sicher sind,
dass es diese Kirche nicht gäbe,
dass es Glauben nicht mehr gäbe,
wenn Frauen nicht durch die Jahrhunderte
bis zum heutigen Tag
Glauben weitergegeben hätten
an ihre Kinder und Kindeskinder.

Ich habe einen Traum,
dass niemand mehr zweifelt
an Wert und Würde
und der Berufung der Frauen,
weil Gott selbst sie zum Mitwirken gerufen hat,
weil Gott seine Kirche auch in ihre Hände legen wollte,
nicht nur in die Hände der Amtsträger und Männer.

Ich habe einen Traum,
dass Jesus wieder lebendig wird in seiner Kirche,
dass wir ihn erzählen hören
von einer guten Botschaft aus uralten Zeiten,
davon wie Gott die Hingabe einer Frau benötigt,
um zur Welt zu kommen,
zu den Menschen zu kommen,
um auch heute noch seine Wunder zu wirken,
damit alle Brot und Leben haben.

Ich habe einen Traum,
dass Jesus wieder lebendig wird unter uns,
weil er die Frau in der Kirche wahrnimmt,
oft unsichtbar still und weit hinten,
und dass die lebendige Geistkraft
Mächtiges vom Thron stürzt
und Niedriges erhebt
mit einem einzigen Wort.

Katharina Barth-Duran

Bis Hanna aufsteht – Meditation

Diese pein-lich ver-heimlichte
Qual und Not.
Im trauten Heim
im Unglück allein.
Erniedrig.
Gedemütigt.
Beleidigt.
All die Jahre.

Bis Hanna aufsteht
und in Gottes Haus geht.

Bis Hanna aufsteht
und in Gottes Haus geht,
dauert es.
Gottes Haus
ist ein großes Haus,
in dem ein Mächtiger wohnt
noch einer, der über ihr thront ...

Als Hanna aufsteht
und in Gottes Haus geht,
betet sie zunächst leise,
still und heimlich.
Groß den Mund aufmachen
traut sie sich nicht.

Hanna findet die Worte
und den Mut,
das erlittene Unrecht zu benennen,
sie formuliert ihre Hoffnung
und erhebt ihre Stimme
zu einem starken Lied.

Damit Hanna aufsteht
und in Gottes Haus geht
und von Gottes Haus ausgeht
ins Leben,
sei überall auf der Welt
Gottes Haus ein offener und geschützter Raum,
an dem die Frauen im Chor
ihre Sprache und ihre Würde
und ihre Hoffnung wiederfinden.

Gottes Frauenhaus.

Ute Elisabeth Mordhorst

Nôtre Dame brennt – Meditation

Nôtre Dame brennt
Unsere liebe Frau
brennt lichterloh
und scheinbar unaufhaltsam

Gott zeigt sich im Feuer
damals wie heute
und sagt uns
Ich bin da

Nur einen Unterschied
gibt es zum Dornbusch
in der Wüste
der brannte
und verbrannte nicht

Wohl aber
diese altehrwürdige Kirche
Wahrzeichen
im Herzen Europas

Inmitten eines laizistischen Staates
Touristenmagnet
in der Stadt der Liebe
sie brennt und verbrennt

Das Feuer frisst sich
durch das Gebälk
ist kein Dach mehr
das schützten kann

verkohlte Aschehaufen
unter freiem Himmel
der Turm in der Mitte
stürzt ein

Und Menschen überall
gläubig oder nicht
schauen entgeistert
diesem Schauspiel zu

Und spüren
wie sich in ihren Herzen
Entsetzen und Trauer
ausbreiten über das
was ihnen verloren geht

Etwas Wichtiges und Großes
etwas Heiliges
wird ihnen genommen
und ihre Seelen sind betrübt

Es war kein Terroranschlag von außen
die Gefahr kam von innen
die alte Holzkonstruktion
ist anfällig und hat ihre Tücken

So ist das mit unserer alten Kirche
so ist das mit unserem Kinderglauben
nicht alles kann bewahrt werden
über Jahrtausende

So sehr wir daran hängen
so sehr es unser Leben bereichert hat
Neukonstruktionen sind überfällig
an Gebäuden und Institutionen

Man plant den Wiederaufbau
von Nôtre Dame
will Unsere Liebe Frau
in neuem Glanz und schöner
als je zuvor sehen

Ein Jahrtausendwerk
in gerade mal fünf Jahren
weltweit wird Hilfe zugesagt
an Geld soll es nicht fehlen

Und wenn es denn
ein Feuer des Heiligen Geistes war
das unsere Mutter Kirche
zuinnerst entzündet hat

Sie für eine Weile wieder
ungeschützt und offen sein ließ
unter Gottes freiem Himmel

Und wenn es denn
ein Feuer des Heiligen Geistes war
das Menschen überall vereinte
und sei es in Betroffenheit

Das ihnen wieder neu den Blick geöffnet
für die Sehnsucht ihrer Seelen
Und wenn es denn
ein Feuer des Heiligen Geistes war
das den Verantwortlichen
Wesentliches offenlegte

Es sind nicht die Männer
es ist nicht der Staat
welche die Kirche
am Leben halten

Es ist Unsere Liebe Frau
Nôtre Dame
ein heiliger Raum des Gebetes
offen für Gott

die unserer Sehnsucht
ein Zuhause gibt
inmitten der großen Stadt
unserer Welt
Nicht bloß äußerliches Gebäude
es ist viel mehr als das

Vielleicht werden es Frauen sein
geschwisterlich
die mit hörendem Herzen
ihren Kindern und Kindeskindern
den heiligen Raum
aufrecht halten

und neu errichten
eine Kathedrale Nôtre Dame
mit ihrem schlichten
alltäglichen
Ich bin da

Katharina Barth-Duran

Die Botschaft Jesu kann verändern – Umkehrtext

Bitte den Text komplett lesen ...!!

Die Botschaft Jesu kann verändern!
Nein, die Wahrheit ist vielmehr
Dass sich nichts ändern kann
Ich glaube nicht
Dass die Liebe stärker ist als das Kirchenrecht
Dass sich Machtstrukturen durchbrechen lassen
Dass Gleichberechtigung möglich ist
Dass Bischöfe Verantwortung übernehmen können
Dass der Pflichtzölibat nicht gottgewollt ist
Es ist einfach so
Dass Erneuerung nicht möglich ist
Ich kann mir einfach nicht vorstellen
Dass Gott allen Menschen die gleiche Würde verliehen hat
Dass Gott die Menschen so liebt wie sie sind
Dass Gott keinen Unterschied macht zwischen Mann und Frau
Es liegt doch auf der Hand
Nichts wird sich verändern – alles bleibt wie es ist
Es wäre gelogen, würde ich sagen:
Die Botschaft Jesu kann verändern!

Und nun den Text bitte von unten nach oben lesen ...!!

Andrea Keber (nach einer Idee von Iris Macke)

Gehen oder bleiben? – Impuls

Gehen oder bleiben?
Jeden Tag immer wieder diese Frage.
Gehen oder bleiben?
Gehen aus dieser Kirche?
Mit ihren Machtstrukturen,
die ausgrenzen und verletzen,
die einengen und enttäuschen,
die ängstigen und traurig machen.

Bleiben in dieser Kirche?
Wider jede Hoffnung
auf Erneuerung,
auf Geschwisterlichkeit,
auf Akzeptanz aller Lebensformen,
auf Anerkennung unterschiedlicher Sexualität.

Gehen oder bleiben?
Jeden Tag immer wieder diese Frage
und jeden Tag immer diese Hoffnung:
Sie werden verstehen ...
Sie werden erkennen ...
Sie werden sich ändern ...

Und dann ein dumpfes Ahnen:
NEIN, sie werden nicht verstehen wollen.
NEIN, sie werden nicht erkennen wollen.
NEIN, sie werden sich nicht ändern wollen.

Doch gleichzeitig die Zuversicht:
Die Botschaft Jesu wird sich durchsetzen.
Die Liebe wird das letzte Wort haben.

Andrea Keber

Die andere Hälfte – Aufruf

Sehr wohl der Wider-Rede wert
in der Gemeinde
ergreifen sie
in Gottes Namen
das Wort

Frauen lassen sich nicht länger ab-kanzeln

weder im Kirchenalltag
noch im Bundestag

Ute Elisabeth Mordhorst

Die Geschichte von Herrn und Frau Gott – Geschichte

Amen, ich sage euch: Alles, was ihr auf Erden binden werdet, das wird auch im Himmel gebunden sein, und alles, was ihr auf Erden lösen werdet, das wird auch im Himmel gelöst sein. (Mt 18,18)

Herr und Frau Gott waren ein Herz und eine Seele. Die beiden waren gänzlich unzertrennlich. Sie liebten einander sehr und bekamen unzählige Kinder, die sie ebenso sehr liebten und für deren Erziehung und Wohl sie sich viel, viel Zeit nahmen. Als die Söhne und Töchter aus dem Gröbsten raus waren, beschlossen Herr und Frau Gott zu verreisen. Ihr Lieben, ihr seid nun erwachsen, sagten sie. Wir machen uns eine Weile aus dem Staub. Dennoch, lasst uns in Kontakt bleiben. Schickt uns einen Brief oder ein Gebet, wenn ihr uns braucht oder uns etwas mitteilen möchtet. Wir sind immer für euch da. Vergesst nicht: Es ist euch gesagt worden, was gut ist. Ihr kommt alle nach uns, keine ist weniger wert als der andere. Liebt einander, achtet einander. Wir vertrauen euch, wir lassen euch alle Freiheiten. Dann packten die Eltern ihre Koffer und verabschiedeten sich in großer Herzlichkeit von ihrer großen Kinderschar. Nur den jüngsten Sohn nahmen sie mit. Er war ganz besonders sensibel und er war ihnen ganz besonders ans Herz gewachsen.

Anfangs klappte es noch sehr gut mit der Kommunikation zwischen Herrn und Frau Gott und ihren Sprösslingen. Mit der Zeit aber schickten die Kinder immer weniger Gebete oder Briefe. Nanu, dachten die Eltern Gott. Da haken wir doch mal nach. Wie geht es euch, fragten sie. Es antworteten die Söhne. Sie erzählten von sich und von ihrer Arbeit und von ihren großen Erfolgen. Was machen unsere Töchter?, fragten Vater und Mutter Gott. Warum antworten sie uns nicht? Denen geht es gut, antworteten die Söhne. Was heißt das?, fragten die Eltern. Wiederum antworteten die Brüder anstelle der Schwestern. Und als die Eltern Gott genauer nachfragten, schrieben die Söhne nun ausführlicher von sich und ihrer Arbeit und ihren großen Erfolgen. Ihre Schwestern erwähnten sie nicht mehr.

Haben wir nur Söhne?, fragten Herr und Frau Gott. Wir möchten von unseren Töchtern hören, wie es ihnen geht, verlangten die Eltern Gott. Als Herr und Frau Gott die Briefe der Töchter in den Händen hielten, schauten sie sich groß an. Was ist das denn, fragten sie. Fast jeder zweite Satz enthielt Streichungen und Verbesserungen. Wer korrigiert die Briefe unserer Töchter?, fragten Herr und Frau Gott. Die Gedanken unserer Schwestern sind frei, antworteten die Söhne. Dann diktierten sie ihren Schwestern Briefe, die sie an die Eltern schicken sollten. Was ist das denn?, fragten Herr und Frau Gott, als sie die Briefe der Töchter in den Händen hielten. Dieses Geschreibsel klingt ja genau so wie das Geschreibsel unserer Söhne ... Frau Gott empörte sich besonders. Sie schrieb ihren Söhnen einen geharnischten Brief. Und ihre Töchter ließ sie auch nicht einfach so davonkommen. Wieso lasst ihr euch das gefallen?, schrieb sie. Was ist das überhaupt für eine Sprache, in der es nur noch Herren und Söhne und Brüder gibt. Daraufhin wurde Frau Gott gar nicht mehr von ihren Kindern angeschrieben. Die Briefe und Gebete der Söhne und Töchter gingen nur noch an Herrn Gott.

Uns reicht's!, riefen Herr und Frau Gott. Sie beschlossen nach Hause zu fahren, um nach dem Rechten zu sehen. Als die Eltern Gott mit ihrem jüngsten Sohn abends spät vor dem Haus der Familie ankamen, stutzten die drei. Das Schild an der Eingangspforte war ausgewechselt worden, ebenso wie das Türschild. Statt: »Hier wohnen Herr und Frau Gott und ihre Töchter und Söhne«, stand nun darauf: »Hier wohnt der Herr Gott mit seinen vielen Söhnen«. Die Eltern Gott und ihr jüngster Sohn schauten sich entsetzt an und schlossen die Tür auf und betraten das Haus. Als sie im Hausflur standen, kamen die Söhne aus allen vier Himmelsrichtungen, aus allen Zimmern und Türen gelaufen. Was für eine Überraschung!, riefen sie. Sie begrüßten den Vater und den jüngsten Bruder überschwänglich und lautstark. Vater Gott konnte sich der Umarmung seiner Söhne nicht entziehen. Frau Gott hingegen ließen die Söhne völlig unbeachtet in der Ecke stehen. Meine Söhne ..., murmelte Mutter Gott entsetzt. Und wo sind meine Töchter ...?, rief sie. Und wo bin ich ... geblieben?

Frau Gott warf die Flurtür zu und lief durch alle Räume. Und wo bin ich geblieben?, murmelte sie wieder und wieder. Alles, was ihr gehört hatte, war aus dem Haus geschafft worden. Ihre Kleider, ihr Schmuck, ihre Bücher. Und wo sind meine Töchter?, rief sie erneut. Im Haus waren die Töchter nicht. Frau Gott holte tief Luft. Dann ging sie gemessenen Schrittes aus dem Haus. Hinter dem Haus fand sie ihre Töchter bei der Feldarbeit. Die Sonne brannte heiß und die Töchter zogen einen schweren Pflug hinter sich her. Wer hat euch das aufgetragen?, rief Frau Gott empört. Und warum seid ihr nicht in eurem Elternhaus wie eure Brüder? Die Töchter sahen die Mutter nicht. In ihrer gebückten Haltung nahmen sie die Mutter überhaupt nicht wahr. Sie hörten auch nicht. Als Mutter Gott angehoben hatte, mit ihnen zu sprechen, übertönten sie die lauten Stimmen ihrer

Söhne. Der Vater ist zurück, riefen die Söhne von drinnen. Kommt her in unser Vaterhaus, erweist ihm eure Ehre. Also liefen die Töchter ins Haus, um den Vater zu begrüßen.

Drei von ihnen blickten verwundert auf Mutter Gott, die vor ihnen stand. Meine lieben Töchter, sagte Frau Gott. Die Töchter senkten den Kopf und liefen an der Mutter vorbei. Da wurde Mutter Gott zornig und sehr traurig. Sie blieb noch eine Weile allein auf dem Feld zurück. Dann schritt sie würdevoll von dannen. Kurze Zeit darauf kam der jüngste Sohn aufs Feld gelaufen. Auch er war von seinen Brüdern und Schwestern lauthals begrüßt worden, dann endlich hatte er sich der Umarmung seiner Geschwister entwinden können und war der Mutter nachgeeilt. Im Haus hatte er sie nicht gefunden. Nun suchte er sie auf dem freien Feld. Aber auch dort fand er sie nicht. Der jüngste Sohn setzte sich auf einen Feldstein und vergrub sein Gesicht in den Händen und weinte.

Als er aufschaute, standen vor ihm die drei Schwestern. Sie waren aufs Feld zurückgekehrt. Vielleicht war die Mutter noch da. Nun schauten sie auf den jüngsten Sohn. Sie blickten ihn halb traurig, halb liebevoll an. Wie sehr er unserer Mutter ähnelt, dachten sie. Wie schön er ist. Und wie liebreizend. Der jüngste Sohn lächelte wehmütig. Er erhob sich und küsste seine Schwestern auf die Stirn. Die Mutter ist fort, sagte er traurig. Die Töchter schwiegen betreten. In dem Moment trat Vater Gott aus dem Haus. Er begrüßte seine drei Töchter liebevoll. Was ist hier los?, fragte er seine Töchter. Was spielen sich unsere Söhne als Alleinerben auf? Und wo ist eure Mutter? Wieder schwiegen die Töchter. Schließlich erzählte der jüngste Sohn dem Vater von der Vertreibung der Mutter aus dem gemeinsamen Haus. Vater Gott rang die Hände.

Wieso habt ihr sie gehen lassen? Ohne sie bin ich, seid ihr, sind wir alle ... doch nur halb!, stöhnte er. Wir müssen unsere Mutter suchen, riefen die Schwestern. Damit wir wieder ganz werden. Dann können auch die Brüder wieder ganz werden. Dann sind wir wieder eine ... ganz heile Familie. Aber wir wissen den Weg nicht, seufzten sie. Ich kenne den Weg, antwortete der jüngste Sohn. Die Schwestern schauten ihn groß und ungläubig an. Er ist der Weg. Folget ihm nach, hörten sie die Mutter aus der weiten Ferne rufen. Ja, geht nur, sagte Vater Gott. Und die Frauen machten sich auf den Weg. Seitdem wartet Herr Gott auf die Rückkehr seiner besseren Hälfte.

Ute Elisabeth Mordhorst

Wo leben wir eigentlich – Impuls

Wo leben wir eigentlich?
Wo Männer weiterhin
mit Macht versuchen
ihre Vormachtstellung
aufrechtzuerhalten
Dominanz auszuüben
über Frauen
in Wirtschaft und Politik
im privaten Leben
und in der Kirche
Wo Frauen sich weiterhin
krummlegen müssen
für die Durchsetzung
und Wahrung ihrer Rechte
Wo sie sich gegenüber
patriarchalen Normen
weiterhin konform verhalten
Wo leben wir eigentlich ...
die befreiende Botschaft Gottes?

Ute Elisabeth Mordhorst

Die Autorinnen

Regina Adams
geb. 1968, aufgewachsen in einem streng katholischen, konservativen Umfeld, bildet der Glauben an die christliche Botschaft ihre Lebensgrundlage. Von Beruf Bankfachwirtin wird sie erst durch die eigenen Kinder von der Gottesdienstbesucherin zu einem aktiven Mitglied in unterschiedlichen Bereichen ihrer Pfarrgemeinde. Hier vollzieht sich der Wandel zu einem liberalen Glauben und der aktiven Mitarbeit bei Maria 2.0.

Katharina Barth-Duran
geb. 1956, ist eine engagierte Kirchenfrau zwischen Familie und Gemeinde. Sie lebt in Schwaigern bei Heilbronn. Nach 30 Jahren als Pastoralreferentin wirkt sie heute als Theologin und Supervisorin in der Frauen-Seelsorge, im Beerdigungsdienst und als Referentin. Atempausen findet sie beim Bibelteilen in einer KDFB-Gruppe, in der Stille von Taizé oder bei Kontemplationskursen im Haus Gries. Als Autorin schreibt sie über Alltägliches und wie Gott darin zu finden ist. Die Würde der Frauen ist ihr dabei ein besonderes Anliegen: 2008: Ökumenischer Predigtpreis des deutschen Frauenbundes, 2022: »40 Tage mit meiner Königin – Aufstehen zum Leben«, Verlag Herder.

Regina Groot Bramel
geb. 1960, erlebte in ihrer Jugend den frischen Wind des Zweiten Vatikanischen Konzils, der ihre haupt- und ehrenamtliche Gemeindearbeit im Bistum Limburg prägte. Als Mutter vieler Kinder und Pflegekinder und im Beruf als Pädagogin und Therapeutin war ihr großes Anliegen, christliche Freiheit und Freude zu vermitteln und vorzuleben – im Alltag wie im Gottesdienst. Predigtpreis des Ökumenischen Frauenbundes 2017, zahlreiche Ver-

öffentlichungen, unter anderem eine Predigtreihe zu allen Sonntagen der drei Lesejahre. Sie starb 2020.

Karin Heiser-Uphues
geb. 1963, ist katholische Religionslehrerin an einer Grundschule. Sie lebt mit ihrem Mann in Nieder-Olm, hat vier erwachsene Kinder und drei Enkel. Mit der Pfarrgemeinde vor Ort fühlt sie sich sehr verbunden und engagiert sich in der Gruppe Maria 2.0 für eine Erneuerung der katholischen Kirche.

Bettina Ickstadt
geb. 1963, verheiratet, zwei erwachsene Kinder. Studium der Theologie in Phil.-Theol. St. Georgen in Frankfurt am Main und Julius-Maximilians-Universität in Würzburg. Seit 1992 als Pastoralreferentin im Bistum Limburg tätig, z. Zt. eingesetzt in der Pfarrei Sankt Margareta, Frankfurt am Main. Mitglied im Vorstand des Berufsverbandes der Pastoralreferent:innen und -assistent:innen des Bistums Limburg und Mitglied das Diözesansynodalrates des Bistums.

Annette Jantzen
geb. 1978, Dr. theol., ist Pastoralreferentin im Bistum Aachen und tätig im Bereich der Jugendverbandsarbeit und der Frauenseelsorge. Sie studierte katholische Theologie in Bonn, Jerusalem, Tübingen und Strasbourg und schrieb ihre Promotionsschrift über Priester im Ersten Weltkrieg. Als Frauenseelsorgerin startete sie den Blog www.gotteswort-weiblich.de. 2022: »Gotteswort, weiblich – Wie heute von Gott sprechen? Gebete, Psalmen und Lieder«, Verlag Herder.

Martina Jung
geb. 1974, Diplomtheologin, war nach dem Studium acht Jahre in der Jugendseelsorge tätig, bevor sie in die Kreativbranche wechselte. Heute arbeitet sie in ihrem eigenen Medienbüro »Wort & Design« in Hamburg als Lektorin, Buchgestalterin, Herausgeberin und Autorin.

Andrea Keber
geb. 1963, von Beruf Bankkauffrau und (noch) Mitglied der römisch-katholischen Amtskirche. Sie setzt sich bei Maria 2.0 nachdrücklich für notwendige Reformen in ihrer Kirche ein. Die Kraft dazu findet sie weiterhin durch ihr ehrenamtliches Engagement in vielen Bereichen ihrer Pfarrgemeinde St. Franziskus von Assisi Nieder-Olm, in der die Botschaft Jesu lebensnah, offen und mutig gelebt wird.

Ute Elisabeth Mordhorst
geb. 1957, ist gelernte Wirtschaftsdolmetscherin, Texterin und Werbeberaterin. Nach 20 Jahren in der Werbebranche gab sie das »Texten« zugunsten des Schreibens und Dichtens auf. Seit 2001 veröffentlicht sie in den Bereichen Spiritualität und Kinderbuch. Heute lebt und arbeitet sie als Malerin und freie Autorin in Hamburg.

Johanna Niklaus
war 22 Jahre als Gemeindereferentin in der Diözese Würzburg tätig, zuletzt langjährig im Bereich der Familienseelsorge. Die Themen Frauen und Familie prägten auch ihr soziales Engagement im Caritas-Verband und als Vorstandsvorsitzende der Sozialstation Liborius-Wagner in Schonungen. Als Autorin war sie festes Mitglied im Team der Zeitschrift »Ideenwerkstatt Gottesdienste«. Johanna Niklaus verstarb 2020 im Alter von 69 Jahren.

Sarah Weber
geb. 1987, Diplomtheologin und Pastoralreferentin in der Kirchengemeinde Freiburg-Südwest.
Mit dem Arbeitsschwerpunkt im ökumenischen Zentrum Maria Magdalena ist es ihr – Gott sei Dank – selbstverständlich, dass sowohl sie als auch Ehrenamtliche sonntäglichen Gemeindegottesdiensten vorstehen. Dabei liegt ihnen eine gerechte Sprache und eine Weitung der Gottesanrede sowie kreative spielerische Zugänge am Herzen. Womöglich bestärkt durch jene Weise, den Glauben zu

feiern, formierte sich zuerst in dieser Gemeinde eine diözesanweit agierende Maria 2.0 Gruppe. So wird vor Ort soweit möglich erprobt, was sie auf struktureller Ebene fordert.

Eva Weinitschke
geb. 1974, ist Diplom-Geographin, arbeitet aber heute als Erzieherin in einer konfessionellen Kindertagesstätte. In der Gemeinde ihrer Heimatstadt Nieder-Olm bei Mainz ist sie ehrenamtlich vielseitig engagiert. Mit ihren Mitstreiter*innen von Maria 2.0 setzt sie sich leidenschaftlich für eine Erneuerung der Katholischen Kirche ein. Zunehmend empfindet sie ihre ehrenamtliche Unterstützung der Kirche einerseits und ihren Protest gegen die Verfasstheit eben dieser Kirche andererseits als schmerzliche Zerreißprobe. Spirituell besonders verbunden fühlt sie sich mit der Gemeinschaft von Taizé, was sich unter anderem in einem Kinderbuch über Taizé zum Thema Versöhnung ausdrückt, das sie geschrieben, illustriert und verlegt hat.

Das Team von Maria 2.0 Nieder-Olm/Bistum Mainz
Bereits unmittelbar nach Gründung von Maria 2.0 in Münster schlossen sich Frauen und Männer – zunächst aus der Pfarrgemeinde – dieser Graswurzelbewegung an. Zwischenzeitlich sind viele Menschen aus dem näheren und weiteren Umfeld dazugekommen. Gemeinsam fordern sie immer wieder mit den unterschiedlichsten Aktionen, Gottesdiensten und Impulsen die dringend notwendigen Reformen in der römisch-katholischen Amtskirche ein – damit die Botschaft Jesu wieder im Mittelpunkt steht.
www.mariazweipunktnull-nieder-olm.de – Tel: 0151 40770106